LE MOINE
EN TALONS AIGUILLES

Titre original : *This Monk Wears Heels: be who you are*

Graphismes : © Watkins Publishing.
Textes et illustrations : © Kodo Nishimura.
Couverture : © Seth Miranda.
Traduit de l'anglais par Pascale-Linda Steketee.

ISBN : 978-2-8132-2752-2

www.editions-tredaniel.com
info@guytredaniel.fr
www.facebook.com/editions.tredaniel
@editions_guy_tredaniel

LE MOINE
EN TALONS AIGUILLES
OSER ÊTRE SOI

Kodo Nishimura

Guy Trédaniel éditeur
19, rue Saint-Séverin
75005 Paris

Sommaire

À tous ceux qui se sont battus
pour rester fidèles à eux-mêmes.

Introduction

Mon nom est Kodo Nishimura, je suis moine bouddhiste, artiste maquilleur et membre de la communauté LGBTQ+. J'étudie les sutras (des textes sacrés), je me maquille, je porte des talons hauts et des boucles d'oreilles scintillantes. Depuis l'âge de 26 ans, j'assume avec fierté mon orientation sexuelle, mais pendant mon enfance, j'ai caché ma véritable personnalité à mon entourage, persuadé que je devais avoir honte de la personne que j'étais. Je craignais d'être jugé et humilié. Je me sentais coupable d'être « anormal » et je cachais mes véritables émotions.

Quand j'étais jeune, les médias japonais présentaient généralement les gays comme des loufoques ou des pervers. À la télévision, on voyait souvent des hommes déguisés en femmes qui jouaient les méchantes et vilaines divas, des personnages qui n'avaient rien de respectueux ou de sophistiqué. L'image donnée des personnes LGBTQ+ était terrible. Heureusement, celle-ci est en train de changer au Japon – beaucoup de gens ont commencé à parler des droits LGBTQ+ et, depuis 2015, on constate dans beaucoup de villes un nombre croissant de couples de même sexe.

À cause des médias japonais, de la culture et de la société dans lesquelles j'ai grandi, je pensais que mon orientation sexuelle était quelque chose dont je devais avoir honte. Mais lorsque j'ai voyagé hors du Japon, j'ai rencontré des personnes qui avaient surmonté ce genre de discrimination et qui vivaient leur homosexualité en toute confiance. J'ai appris que l'homosexualité existait depuis extrêmement longtemps et qu'elle était mentionnée dans l'Antiquité romaine et grecque. J'ai également découvert l'histoire des personnes LGBTQ+ et que l'homosexualité était aussi très répandue dans l'ancienne société japonaise. J'ai fini par comprendre qu'il n'y avait rien de mal à être qui j'étais.

> **Personne ne peut prétendre qu'il est mal d'être qui vous êtes.**

J'ai grandi dans un temple de Tokyo où mon père était prêtre. Mon père est né dans une famille de paysans. En tant que second fils, il ne pouvait pas hériter de l'exploitation agricole. À l'âge de 5 ans, il fut emmené à Tokyo dans le temple d'un parent éloigné pour être adopté par un couple qui n'avait pas d'enfants. N'ayant pas été autorisé à choisir sa filière d'études, il a obtenu un doctorat en études bouddhistes à l'université et il est aujourd'hui professeur émérite.

Depuis ma plus tendre enfance, les personnes que je côtoyais pensaient que j'hériterais un jour de la direction du temple.

J'étais profondément agacé quand mes amis et d'autres personnes me demandaient si j'avais déjà commencé à étudier les sutras et quand j'allais me raser la tête. Je détestais ça.

Malgré ces attentes dont je faisais l'objet, mes parents ne m'ont jamais laissé entendre que je devais prendre la direction du temple. De plus, ils ont toujours accepté de me voir jouer à la princesse et faire des dessins quand j'étais petit. À l'époque, mon instituteur avait d'ailleurs écrit un commentaire dans l'album de fin d'année de maternelle qui disait que je montrais souvent à mes camarades de classe comment se déguiser pour jouer à Cendrillon. Ma mère m'a raconté qu'à la maison, je prenais ses jupes et je tournais sur moi-même en lui disant : « Regarde, je suis une fille ! » Ce que j'aimais par-dessus tout était de danser sur la chanson « Bonjour » du film *La Belle et la Bête*.

Plus tard, en faisant un jour du rangement dans la maison, je suis tombé sur une vieille cassette où je chantais quand j'étais petit. J'adorais improviser des chansons et imiter différentes langues. En écoutant la cassette, j'ai été surpris. Je faisais des blagues et on pouvait sentir que j'avais une grande confiance en moi et que je m'aimais beaucoup plus à l'époque. Je me souviens que quand j'avais environ 5 ans, je me regardais dans le miroir en soupirant : « Je suis si beau ; personne ne peut être plus beau que moi », et j'y croyais complètement. Où était donc passé ce « petit moi » qui s'exprimait si librement, avec une confiance absolue ? Quand j'y repense, quelque chose a changé en moi quand je suis entré à l'école primaire où on attendait des garçons qu'ils se conduisent comme des garçons et des filles qu'elles se conduisent comme des filles. Les autres se moquaient de moi parce que je me comportais comme une fille, et j'ai rapidement refoulé ma vraie personnalité. À l'école, j'étais une personne complètement différente de celle que j'étais à la maison.

Puis à l'école primaire et au collège, tout s'est mieux passé, parce que j'ai pu me faire des amis indépendamment de leur sexe. En primaire, j'ai trouvé des camarades pour jouer aux Pokémon ou à la poupée, et au collège, je me suis fait des amis avec qui on partageait la même passion pour *Harry Potter*.

Lorsque je suis entré au lycée, la différence entre garçons et filles était beaucoup plus marquée. C'était un lycée privé et je ne connaissais personne. La mentalité qui y régnait m'était étrangère, l'objectif principal de cet établissement était que ses élèves accèdent à de grandes universités. Un jour, un élève de ma classe m'a traité de « tapette » et j'ai complètement fermé mon cœur. Je me suis senti profondément blessé et honteux.

J'ai eu beaucoup de mal à survivre à ces années de lycée, j'étais constamment déprimé et désemparé. Je n'arrivais pas à suivre les cours ni à me faire des amis. Les garçons étaient passionnés par le base-ball ou les séries humoristiques, et les filles passaient leur temps à raconter des potins ou à parler des garçons. Moi, j'aimais les princesses Disney et j'avais envie de partir étudier à l'étranger. Personne ne semblait avoir les mêmes intérêts que moi. Je n'ai jamais trouvé un seul ou une seule amie ou même un enseignant avec qui je pouvais être vraiment moi-même. J'ai passé mes années de lycée à essayer désespérément de cacher ma solitude ; chaque jour, je me disais : *Je ne suis pas une mauvaise personne. Pourquoi suis-je si seul ?*

Ces sentiments d'humiliation et de souffrance ont renforcé mon désir d'étudier l'anglais et de partir à l'étranger. J'ai trouvé refuge dans la culture américaine. J'écoutais Mariah Carey, les Destiny's Child et Michael Jackson et je regardais des films comme *Charlie's Angels, Princesse malgré elle* et *Sister Act.* Tous ces personnages me semblaient authentiques, ne craignant pas de montrer qui ils étaient ; ils m'ont appris à suivre mon cœur.

Après avoir obtenu mon diplôme d'études secondaires, je suis parti étudier aux États-Unis où je me disais que les gens accepteraient ma singularité. Mais je fus alors confronté à un sentiment d'infériorité en raison de mon origine ethnique, et mon complexe concernant mon apparence s'est amplifié. Je me suis mis à détester mes yeux, ma taille et ma personnalité calme et réservée.

Mais il s'est passé quelque chose qui a changé ma vie. À l'âge de 20 ans, j'ai été diplômé en langues à l'université de Boston et je suis entré à la Parsons School of Design à New York. Là-bas, les étudiants et les professeurs qui m'entouraient s'exprimaient avec fierté. Petit à petit, les vieilles notions de *normalité* qui m'avaient tourmenté ont été remplacées par quelque chose de beaucoup plus libérateur. C'est aussi à cette époque-là que j'ai commencé à travailler en tant qu'assistant maquilleur.

Jusqu'en 2019, j'ai travaillé aux États-Unis comme artiste maquilleur et j'ai eu la chance de travailler avec de nombreux mannequins et célébrités. Mais même si ma vie était en plein essor, j'avais toujours le sentiment d'être en cage. Pourquoi ? Parce que je n'avais pas été capable de révéler mon homosexualité à mes parents. Depuis tout petit, j'avais toujours eu l'impression d'avoir une toile d'araignée invisible au-dessus de moi. Je voulais relever la tête, mais je n'y arrivais pas. Je vivais avec la peur et le stress que si jamais je me détendais, quelque chose d'horrible allait m'arriver.

À l'âge de 24 ans, je suis rentré au Japon pour suivre une formation pour devenir moine bouddhiste et j'ai pris la grande décision d'annoncer mon homosexualité à mes parents. Quand je leur ai révélé ma véritable identité, la toile d'araignée au-dessus de moi a soudainement disparu. Je pouvais lever la tête et voir les étoiles ! C'était comme si j'avais plongé dans une piscine de soda à la pêche – SPLASH ! Mon monde est devenu rose et parfumé. Ma vie s'est élancée vers le haut comme une bulle pétillante.

Quand je suis retourné au Japon, j'ai eu l'occasion de participer à des émissions de télévision et de figurer dans des journaux, des magazines et autres médias. J'ai même eu l'occasion de parler de mon expérience et de présenter mes idées dans des universités de renom et des entreprises mondiales ainsi qu'aux Nations unies, j'ai aussi participé à un TEDx Talk.

Aujourd'hui, après avoir passé la moitié de ma vie au fond d'un puits sombre, je peux affirmer fièrement que je suis heureux d'être né tel que je suis. Il est possible que quelqu'un lisant ce livre se dise (comme je l'ai fait autrefois) : *Je ne peux même pas envisager de révéler qui je suis vraiment. Peut-être certaines personnes sont-elles capables de le faire, mais pas moi. Je crois que je n'arriverai pas à exprimer ou à faire ce que je désire au fond de moi.*

Je voudrais vous dire ceci à partir de ma propre expérience : oui, je sais que c'est très difficile, mais ce sont vos propres pensées qui vous limitent dans votre vie, et c'est pour cela que j'ai écrit ce livre, pour vous aider dans votre démarche.

Nous sommes tous liés de bien des façons. Pourquoi cacher notre véritable identité et nous camoufler pour ressembler aux autres ?

On pourrait penser que la solution la plus facile face aux attentes des autres est de cacher ses véritables émotions et prétendre être quelqu'un que l'on n'est pas. En fait, c'est extrêmement difficile à vivre.

M'informer, rencontrer des gens et voyager m'a permis d'accepter de montrer ouvertement qui je suis vraiment. Aujourd'hui, j'ai des amis et une famille qui comprennent ce que je pense et ce que je fais, et qui me soutiennent pleinement. Dans le film de ma vie, j'ai l'impression d'avoir vaincu le méchant. Bien sûr, il m'arrive encore de me sentir confus et déprimé, mais en révélant publiquement mon homosexualité, en me découvrant moi-même et en recevant le soutien de mon entourage, j'ai appris plusieurs leçons qui, je l'espère, vous inspireront tout au long de la lecture de ce livre. Je partagerai aussi avec vous des réflexions sur des anciens enseignements bouddhistes, la tradition spirituelle qui m'a aidé à trouver ma voie et m'aide encore à ce jour.

Un passage du *sutra d'Amida*, un texte bouddhiste sacré, décrit ainsi une scène de la Terre pure : « Dans ce monde, il y a un étang rempli d'une eau pure. Dans cet étang, il y a des fleurs de lotus grandes comme les roues d'un char. Les fleurs bleues éclairent en bleu ; les jaunes éclairent en jaune ; les rouges éclairent en rouge et les blanches éclairent en blanc. » Cela signifie que chaque fleur rayonne sa propre couleur et qu'elle est d'une beauté unique. Je crois que chaque personne devrait également faire resplendir sa couleur unique.

Chacun est unique et cette diversité est magnifique.

Cependant, dans la réalité, il peut s'avérer difficile d'accepter et d'honorer les différences de chacun. C'est pourquoi, dans ce livre, je voudrais vous expliquer comment partager vos sentiments avec les autres, comment vous protéger des autres et, finalement, comment faire resplendir votre propre couleur et être honoré pour qui vous êtes.

Et voici un secret : si l'art du maquillage et le bouddhisme peuvent sembler différents, le but est le même. Mon rôle est de faire ressortir et de protéger la couleur unique de chaque personne et de l'aider à resplendir !

Aujourd'hui, je suis fier d'être unique. Je sais combien il est difficile de refouler la personne que l'on est vraiment,

« Quelle que soit
la direction dans laquelle
j'ai cherché, je n'ai rien
trouvé de plus précieux
que moi-même. Il en va
de même pour nous tous,
notre propre existence est
la chose la plus précieuse.
Ainsi, nous n'offenserons
jamais autrui pour
notre avantage. »

Udānavarga, 5, 18

simplement pour pouvoir continuer à vivre. C'est pourquoi je suis à vos côtés. Je voudrais que vous puissiez vous aimer et vivre votre vie avec fierté.

Pour pouvoir vous aimer, vous devez commencer par vous accepter tel que vous êtes et avoir confiance en vous ; c'est le premier pas pour que les autres puissent également croire en vous. Mais encore faut-il que vous trouviez des raisons solides pour croire en vous. Si vous cherchez ces raisons, je prie pour que mes expériences et mes réflexions puissent vous être utiles.

Mon but dans la vie est d'aider les gens à être eux-mêmes, sans honte et avec une profonde conviction. Cette conviction peut naître en cherchant à comprendre qui vous êtes, mais aussi en vous informant : en faisant des recherches sur l'histoire et les faits, en rencontrant des gens, en voyageant et en élargissant votre horizon. Je voudrais servir de passerelle pour vous aider à traverser tout ce que vous êtes amené à expérimenter, car c'est ainsi que je me suis libéré.

Je voudrais vous montrer qu'il est possible de vivre de façon authentique et honorable. À ceux qui sont comme cet enfant que j'étais il y a longtemps et qui aimait porter des jupes – et à tous les autres –, levez vos yeux vers le ciel et soyez prêts à vivre votre vie pleinement !

Ne craignez jamais d'être qui vous êtes. Il est temps d'être vrai avec vous-même.

1

Il est temps d'être vrai avec vous-même

1

Il est temps d'être vrai avec vous-même

Vous êtes libre de vivre votre vie comme vous l'entendez. La première étape est l'acceptation de soi et la confiance en soi.

Je ne me considère ni comme un homme ni comme une femme. Je suis les deux. Mais pendant mon enfance au Japon, que je l'aie voulu ou non, j'ai été traité comme un garçon. Même maintenant que je suis adulte, la plupart des gens me considèrent comme un homme. Si mon corps est effectivement celui d'un homme, intérieurement je ne m'identifie à aucun genre.

Je ne crois pas que les gens devraient être définis comme homme ou femme. Notre corps peut être identifié comme tel, mais nos émotions changent constamment. Le corps peut être une voiture ou un bateau, mais celui qui les dirige peut être n'importe qui ! Le véhicule ne définit pas la personne qui se trouve à l'intérieur de l'habitacle, et il ne peut pas non plus définir où cette personne veut aller. Et je voudrais ajouter quelque chose, que le corps d'une personne soit jeune ou vieux, il ne définit pas la maturité de l'esprit de cette personne, et il en va de même pour la couleur de la peau et de toute autre différence physique. Nous ne savons jamais quel type de conducteur se trouve dans le véhicule physique des autres.

Prenez le gouvernail de votre vie ; ne laissez personne d'autre la contrôler à votre place.

Je suis né avec un corps d'homme et il est écrit « masculin » sur mon registre familial, l'équivalent d'un acte de naissance en Occident. Mais je ne m'identifie pas comme étant un homme. « Alors, vous êtes une femme ? » me direz-vous. Eh bien, je ne suis pas cela non plus. Depuis tout petit, même si je jouais aux princesses Disney, je n'ai jamais voulu changer de corps pour devenir une femme en subissant une chirurgie de réassignation sexuelle.

Lorsque quelqu'un me demande : « Tu es gay, transgenre ou queer ? », je ne sais pas quoi répondre. En fait, jusqu'au milieu de ma vingtaine, je me considérais comme gay. Mais il semble que ce terme désigne les personnes qui s'identifient en tant qu'hommes attirés par les hommes. Je ne me sens pas appartenir à cette catégorie.

Je ne suis pas non plus transgenre, car je ne me considère pas comme une femme. Le « Q » de LGBTQ+ signifie *queer* et *en questionnement*. Je ne me sens pas à l'aise lorsqu'on me dit que je suis queer, et je ne me questionne pas vraiment à ce sujet, alors pour être honnête, je ne m'y reconnais pas non plus.

Je suis fier d'être un membre de la communauté LGBTQ+, mais lorsque j'essaie d'exprimer précisément où je me situe, je constate que je n'appartiens à aucune catégorie. Je ne pense pas être la seule personne à se sentir frustrée à ce sujet. Par exemple, je suis allé à la Marche des fiertés de New York avec une fille qui avait une petite amie et, quelques années plus tard, elle s'est mariée avec un homme. Si certaines personnes se sentent à l'aise d'être définies comme LGBTQ+, d'autres ne peuvent être définies par un seul terme.

De mon point de vue, mon corps est un réceptacle de l'âme, il a un genre, mais l'âme n'en a pas. Je ne pense pas qu'il soit donc approprié de catégoriser qui que ce soit.

En ce moment, je me considère comme *gender gifted*[1], car ma façon de penser et de vivre dépasse ce que l'on peut attendre d'un genre spécifique. Cela me permet de présenter des alternatives et des nouveaux points de vue. J'avais entendu ce terme quelque part il y a quelques années en arrière et il m'a inspiré à être qui je suis. Le tout est de se percevoir avec un regard positif.

---

1. NdT : Le terme anglais *gender gifted* fait référence à une personne dont l'expression de genre dépasse le cadre binaire. Il s'agit d'un terme positif qui peut être appliqué à toute personne qui aime défier les normes cisgenres, que ce soit par son état d'esprit, sa présentation, etc. Cette personne ne s'identifie pas aux pronoms *il* ou *elle*.

Chaque personne est unique et fait ses choix. Je me suis donc promis que lorsque je rencontre quelqu'un, je ne le vois ni comme un homme, ni comme une femme, ni même LGBTQ+, mais juste comme un être humain unique.

Je fais partie de la communauté LGBTQ+, mais aucune de ces lettres ne me correspond vraiment. Je préfère m'identifier comme *gender gifted*.

Les gens peuvent vous percevoir différemment selon vos caractéristiques physiques. Cependant, nous devrions comprendre que c'est notre conscience de nous-mêmes qui fait de nous ce que nous sommes ; notre conscience ne connaît ni l'infériorité ni la supériorité. Nous ne pouvons percevoir que notre propre conscience, si bien que nous ne pouvons pas réellement nous comparer et nous évaluer par rapport aux autres. Cependant, c'est plus facile à dire qu'à faire et j'ai encore parfois du mal avec ça, mais je reviens toujours au principe de la conscience de soi. C'est le message fondamental des chapitres suivants, car cette compréhension ne pourra jamais être ébranlée – tant que vous en serez conscient.

Je voudrais maintenant vous en dire un peu plus sur la voie bouddhiste que j'ai choisi de suivre, ce qui surprend parfois certaines personnes.

Qu'est-ce qu'un moine bouddhiste ?

Beaucoup de gens pensent que les moines sont des personnes calmes, disciplinées, libres de tout désir, qui récitent des prières dans les temples et vivent avec le strict minimum. Lorsque j'ai commencé à passer dans les médias, j'ai vu sur les réseaux sociaux des commentaires très critiques, comme : « Quelqu'un qui se maquille et se déguise n'est pas un vrai moine. » Pourtant, je le suis ; j'ai suivi une formation en ce sens, j'ai passé tous les examens et je suis officiellement certifié. Je porte la robe de moine, j'ai appris à réciter les sutras et j'ai aujourd'hui le droit de me dire moine bouddhiste. C'est un fait. Un moine est quelqu'un qui a été admis dans l'ordre et qui suit certains préceptes qui lui ont été enseignés.

Que signifie être moine bouddhiste ? Quel est le but fondamental d'un moine ? Pour moi, c'est être quelqu'un qui désire partager les enseignements bouddhistes avec les autres. Cependant, tout comme les professeurs d'école ne maîtrisent pas parfaitement toutes les matières du programme scolaire, les moines bouddhistes ne maîtrisent pas tout parfaitement non plus.

J'ai le sentiment que les gens ont souvent une compréhension limitée de ce qu'être moine signifie. Personnellement, je considère qu'un moine est quelqu'un qui cherche à vivre de façon équilibrée et qui fait son possible pour apporter de l'harmonie dans le monde. En gardant cela à l'esprit, j'aimerais vous montrer comment l'histoire et les branches du bouddhisme soutiennent la diversité.

Quelles que soient nos croyances, cherchons à élargir notre compréhension et célébrons la diversité.

Bouddha signifie « L'Éveillé » – c'est davantage un adjectif qu'une personne spécifique. Il existe différentes représentations de Bouddha que l'on retrouve uniquement dans les sutras, les anciennes écritures. Cependant, le bouddhisme a été fondé aux IVe-Ve siècles avant notre ère par une personne bien réelle du nom de Siddhârta Gautama.

Siddhârta est né dans une famille aristocratique de l'Inde ancienne, mais il a renoncé à sa vie privilégiée pour rechercher l'Illumination. Au bout de plusieurs années, étant parvenu à atteindre l'Éveil, il a commencé à accueillir des apprentis et a formé un groupe d'adeptes. Après son décès, ses disciples ont rédigé des ouvrages sur ses enseignements sous forme de récits. On y trouve également des histoires sur les erreurs commises par les apprentis, qui sont ensuite devenues une liste de préceptes. Au fil du temps, beaucoup d'autres sutras ont été écrits dans l'esprit Siddhârta, et certains ont été rédigés ultérieurement en Chine. Au cours des siècles, l'évolution du bouddhisme a été spectaculaire. Aujourd'hui, les sutras sont nombreux et chaque école bouddhiste suit des préceptes différents.

Les enseignements que j'ai suivis sont ceux de l'École de la Terre pure (*Jōdo shū*), fondée au Japon au XIIe siècle par Hōnen.

Au début, seuls les riches pouvaient en bénéficier, les gens du peuple n'y avaient pas accès. En expliquant aux gens que tout le monde peut atteindre la libération, les enseignements de cette école ont été largement appréciés et celle-ci a prospéré. Les enseignements originels étaient essentiellement basés sur des récits illustrant la sagesse nécessaire pour mener une vie harmonieuse et exempte de souffrance. Les pratiques bouddhistes ont depuis changé leur point focal, mais ce que j'aime dans l'École de la Terre pure, c'est qu'elle est enracinée dans le bouddhisme originel, qui est ouvert et inclusif.

Ce que le bouddhisme représente pour moi

Pour moi, le bouddhisme n'est pas quelque chose en quoi l'on croit, mais quelque chose que l'on pratique. Ce n'est pas vraiment une religion, mais un mode de vie. Il s'agit de leçons de vie qui permettent de maintenir notre cœur en harmonie.

L'une des nombreuses raisons pour lesquelles j'ai un profond respect pour le bouddhisme est que bien que ses enseignements soient très anciens, il prône la diversité et l'épanouissement de soi. Alors, pourquoi ne pas les utiliser pour valoriser notre vie et être heureux dès aujourd'hui ?

Je suis davantage spirituel que religieux, et j'accorde plus de valeur aux enseignements rationnels qui font sens pour moi qu'aux vieilles anecdotes bouddhistes suivies aveuglément. Je suis davantage porté à étudier le bouddhisme et à rechercher son intention sous-jacente, plutôt qu'à me concentrer sur des détails censés expliquer ses valeurs fondamentales.

Certaines personnes le considèrent même comme une « science » qui permet de déterminer les lois universelles de la nature. Le bouddhisme étant une série de leçons de vie, au lieu de me contenter de faire ce qu'on me dit de faire, je voudrais accomplir ce que le fondateur de mon école a fait : proposer une approche pertinente, nécessaire et adaptée à l'époque actuelle, mais dont le but reste le même : aider mon prochain. Dans ce livre, je ne cherche pas à promouvoir le bouddhisme, mais à le présenter, notamment par rapport à la façon dont il a façonné ma propre existence. Si vous voulez étudier cette voie plus en profondeur, je vous suggère de lire d'autres ouvrages portant sur son histoire et ses enseignements.

Je pense qu'être religieux et être spirituel sont deux choses différentes. On peut être non religieux et profondément spirituel. Vous pouvez avoir foi en votre propre façon de penser, et cela est suffisant pour certaines personnes. Je ne peux ni critiquer ni comparer les religions, car la religion est quelque chose qui se vit, et je ne voudrais jamais nier ce en quoi d'autres personnes croient. Mon intention n'est pas de convertir qui que ce soit au bouddhisme, cependant, quelle que soit la religion que vous suivez, je pense que les enseignements bouddhistes proposent des idées susceptibles d'élargir votre horizon. Le bouddhisme a été créé pour aider les gens, son but n'est pas de nous restreindre, mais de nous aider à dépasser nos limites.

Je suis heureux de suivre mon propre chemin et de partager ma joie avec vous.

Qu'est-ce qui vous tient à cœur ?

Ce qui compte, ce n'est pas ce que les autres pensent de vous, mais ce que *vous* considérez être votre « vrai moi ». Reconnaître avec confiance la personne que vous êtes est la première étape fondamentale pour prendre le contrôle de votre vie et être complètement vous-même. Si vous ne cherchez pas au fond de vous, vous ne pourrez jamais accéder à la maîtrise de soi. Il s'agit ici de comprendre la façon dont vous pensez, dont votre corps agit et également de créer votre propre manuel « comment vivre en étant pleinement moi-même », plutôt que de laisser les autres déterminer comment vous devriez vivre votre vie. Je pense que nous devons affronter nos complexes ou nos faiblesses pour en comprendre les raisons, les reconnaître nous rendra plus forts.

Étant attiré par les hommes, je m'étais toujours vu comme quelqu'un susceptible d'être victime de discrimination et dont la société se moquerait. Je connais ce chemin semé d'embûches qui mène à l'endroit sûr où l'on peut enfin se dire : *C'est OK de vivre en étant véritablement moi-même.* Je suis passé d'une vie craintive dans des ruelles sans couleur à une vie authentique et fière dans un monde en Technicolor en pleine expansion !

« Les autres », qui sont-ils vraiment ?

Du fait de mon penchant pour les hommes, je pensais qu'il y avait quelque chose de honteux chez moi. Pendant longtemps, j'en ai été convaincu et j'ai refoulé qui j'étais vraiment. Ne pas être sincère avec soi-même revient à vivre dans une culpabilité constante et à ne jamais se sentir accueilli par personne tel que l'on est. Cela a été extrêmement difficile.

Pendant mon enfance, j'aurais aimé rencontrer une personne LGBTQ+ vivant ouvertement et fièrement et comprendre qu'il n'y avait rien de mal à être soi-même. Je n'aurais pas connu une telle souffrance. C'est l'ignorance qui engendre la tristesse.

À l'époque, j'étais traité comme quelqu'un d'inférieur et je l'acceptais. Je pensais que je n'avais pas d'autre choix que de me résigner à ce que des personnes se fassent traiter de « pédé » ou d'« homo » et soient victimes de harcèlement. J'ai fini par me dire : *Si les autres pensent ça, c'est que ça doit être vrai.*

Mais au fond de moi, je ne l'acceptais pas. Je me faisais des reproches tout en me demandant : *Pourquoi cela m'arrive-t-il ? Je ne suis pourtant pas une mauvaise personne.* Puis j'ai arrêté de me poser cette question, en me disant que de toute façon, les autres ne pourraient pas comprendre.

La vérité est que chacun de nous décide comment vivre sa vie.

Au fond de moi, je n'ai jamais renoncé à vivre en étant vraiment moi-même et le moment venu, j'ai fait le choix de vivre avec fierté, convaincu qu'être LGBTQ+ n'avait rien de honteux et que nous ne sommes pas inférieurs aux autres.

Je suis si heureux de l'avoir fait. Laisser « ce que les autres pensent » décider de la façon dont vous devez mener votre vie n'est pas prometteur. Si je n'avais pas réussi ce que j'ai entrepris dans ma vie, est-ce que ces *autres* m'auraient aidé ? Ou si je m'étais plaint à ces *autres,* cela aurait-il changé quelque chose ?

Je sais que je dois faire attention quand j'utilise les mots « les autres », « normalité » et « conventionnel ». Je ne le fais pas sans réfléchir. Ces *autres* dont on parle, qui sont-ils vraiment ? Quant aux mots « normalité » et « conventionnel », ils ne font que traduire le degré d'ouverture d'esprit de la personne qui parle. En voyageant dans le monde entier et en rencontrant beaucoup de personnes différentes, on se rend compte que la conception de la *normalité* ou de ce qui est *conventionnel* diffère en fonction des endroits et des cultures.

Personne ne sait tout ni ne connaît parfaitement quelqu'un ; nous ne pouvons donc jamais comprendre entièrement ce que les autres pensent. Peut-être que cette vie n'est qu'une illusion, mais ce dont je suis sûr, c'est de mes sentiments. Étant donné leur fiabilité, pourquoi ne pas les utiliser comme boussole pour s'orienter dans la vie ?

N'écoutez pas ce que disent les autres ; écoutez ce que vous dit votre cœur

À l'époque où je suivais la formation pour devenir moine, quelqu'un m'a demandé : « Comment peux-tu convaincre quelqu'un de croire en Bouddha si tu ne crois pas en toi-même ? »

Il a raison ! me suis-je dit. Quand quelqu'un croit en quelque chose au plus profond de lui-même, cela transparaît dans ses paroles et ses actes. Les paroles qui émanent d'une véritable conviction ont le pouvoir de toucher les cœurs.

Si vous n'êtes pas pleinement convaincu, les gens ne vous croiront pas. S'il existe en vous la moindre anxiété ou le moindre doute, cela transparaîtra de façon tellement évidente que les gens ne pourront que le remarquer.

C'est Ángela Ponce, la représentante espagnole du concours de Miss Univers 2018, qui m'a enseigné le pouvoir d'affirmer : « Voilà qui je suis. » Elle fut la première femme transgenre à participer à ce concours depuis que celui-ci a vu le jour en 1952.

Ángela a fait la une des journaux du monde entier, mais elle a également été critiquée. Certaines personnes ont tenu des propos tels que : « Elle va nuire à la réputation du concours de Miss Univers », ou « Elle devrait participer à un concours de beauté transgenre ». Ángela a toujours répondu à ses détracteurs de la même manière, à la fois simple et puissante : « *Soy una mujer* », « Je suis une femme ».

J'étais présent à ce concours en tant qu'artiste maquilleur et j'ai eu l'occasion d'échanger avec elle. « J'ai toujours rêvé de participer au concours de Miss Univers, j'aurais voulu concourir en tant que représentant, mais j'ai renoncé à cause de mon genre. Alors vous voir concourir ici me rend aussi heureux que si mes propres rêves s'étaient réalisés ! » lui ai-je dit.

Elle a souri et m'a répondu : « J'ai toujours été une femme. Mon corps s'est adapté à mon âme, et je suis une femme. Le mot "femme" ne s'applique pas uniquement à une forme physique spécifique. Il y a toutes sortes de femmes, de races, de morphologies, de conditions physiologiques et d'origines différentes. Il se trouve que je suis une femme transgenre. Le problème n'est pas que je sois une femme transsexuelle mais que la société ne soit pas éduquée à la question de la diversité. »

J'ai compris que nous n'avions pas besoin de l'approbation des autres pour être qui nous sommes, notamment celle de personnes qui ne nous connaissent pas.

Ángela m'a appris que quand une personne affirme ses idées avec conviction, les critiques des autres perdent leur pouvoir. Avant d'annoncer ouvertement : « Voilà qui je suis », il est nécessaire de réfléchir mûrement pour être sûr d'être prêt, car se démarquer en faisant une telle déclaration peut être effrayant.

Je souhaite que nous ayons tous la force d'exprimer notre vérité, et que celle-ci soit respectée par tous.

En tant que femme transgenre, Ángela Ponce est entrée dans l'histoire du concours de Miss Univers. Si elle n'est pas parvenue à atteindre les seize premières places, elle a pu néanmoins défiler sur la piste à la fin du concours tandis qu'un enregistrement de son message était diffusé. Je l'ai vue marcher avec une telle confiance que j'en ai été ému aux larmes ; je me suis reconnu en elle.

Ce qui m'a fait le plus plaisir est que l'organisation de Miss Univers avait quand même décidé de la présenter. Je me suis rendu compte que plusieurs dirigeants de l'organisation, originaires de différentes régions du monde, croyaient en l'égalité et la vérité, et cela m'a donné du courage.

Cependant, même si Ángela a été couronnée Miss Univers Espagne et a été choisie pour représenter son pays, elle a été critiquée par certaines personnes. C'est très attristant. Quand je réfléchis à l'origine de cette hostilité, je suis sûr qu'au fond, elle vient des « valeurs impersonnelles » traditionnelles et culturelles.

La plupart du temps, lorsque les gens s'en prennent à une personne en la critiquant et en la blâmant, ils se basent sur des choses non substantielles comme les valeurs historiques, culturelles et traditionnelles, et ce qu'on appelle les conventions. Mais ne trouvez-vous pas cela triste de vouloir sauver les « apparences » et de s'attacher aux valeurs conventionnelles par peur de découvrir les valeurs complètement différentes d'autres cultures ? Ne pensez-vous pas qu'il est triste de ne pas pouvoir vivre en étant vraiment soi-même ?

Posez cette question autour de vous et je suis sûr que beaucoup de gens vous répondront : « Tu as raison ! » Cependant, je comprends que certaines personnes aient du mal à agir en ce sens, même lorsqu'elles comprennent ces choses de façon rationnelle, car pendant longtemps, j'ai fait partie de ces personnes. J'avais peur de ce que les gens diraient et de leur réaction. Je ne pouvais pas leur dire que j'étais homosexuel. Si je n'avais pas rencontré des personnes qui m'ont encouragé en me disant : *C'est bon. Tout va bien, vraiment*, je serais toujours en train de cacher qui je suis vraiment et de vivre dans la peur. Pour être honnête, il m'arrive encore parfois d'avoir peur, mais désormais, dans ces moments-là, je m'encourage en me disant : *C'est bon. Tout va bien, vraiment !*

Si vous voulez prendre le contrôle de votre vie et l'orienter vers ce que vous aimez, il vous faut découvrir la vraie nature de ce qui vous emprisonne et vous libérer. Avez-vous laissé quelqu'un d'autre prendre le gouvernail de votre vie ? Comment reprendre le contrôle ?

Libérez-vous du passé

J'ai essayé de me souvenir des origines de mon traumatisme et de comment j'en étais venu à avoir honte de moi et de ma sexualité. Lorsque j'ai découvert sa véritable cause, le traumatisme a disparu.

Ce n'est qu'à l'âge de 24 ans que j'ai pu révéler mon homosexualité à mes parents. Mon père et ma mère ont étudié en Allemagne et comprennent l'anglais et l'allemand. Ayant été souvent amenés à rencontrer des personnes d'origine étrangère, ils ne sont pas du genre à avoir des préjugés. Comme je l'ai mentionné, mon père possède une grande connaissance de l'histoire du bouddhisme. Il a enseigné les sutras à l'université en chinois, en sanskrit et en pali; et il me les a également enseignés lorsque j'ai étudié le bouddhisme. Mais même avec de tels parents, je me sentais incapable de leur parler.

Des souvenirs datant de mon enfance me retenaient. Quand j'avais 4 ou 5 ans, une de mes cousines germaines, plus âgée que moi, m'avait acheté un vernis à ongles avec des paillettes multicolores. Je l'avais mis et j'admirais mes ongles scintillants. J'étais si heureux. Mais ma mère m'avait dit: « Je ne veux pas que tu deviennes un adulte qui fait *ce genre* de choses. » Ce n'était pas la réaction que j'avais espérée. Dans ma petite tête, je me disais: *Maman n'aime pas que je fasse des trucs de fille.*

Et un autre jour, alors que nous nous promenions mon père et moi dans le quartier d'Asakusa à Tokyo, nous avons croisé une personne transgenre (ou « travestie », comme on disait à l'époque). Mon père m'a chuchoté à l'oreille: « Cette personne est un homme. » J'ai eu l'impression qu'il me confiait un secret et j'ai interprété cela comme s'il me disait: « Les hommes ne doivent pas s'habiller comme des femmes, c'est mal. »

Plus tard, il m'a également dit: « Pour diriger un temple, il est essentiel d'avoir une femme à tes côtés pour t'aider. » Je me souviens d'avoir pensé : *Est-ce qu'il s'attend à ce que je me marie ? Ça n'arrivera jamais !*

Je pense que nous avons tous connu dans notre enfance des situations où nous nous sommes sentis blessés par une remarque de nos parents, et avons gardé en nous ce que nous ressentions, car nous ne voulions pas les décevoir. Cette pression psychologique m'a persuadé que je ne pouvais pas dire : « Regarde, je suis une fille ! » devant qui que ce soit. Je me disais que comme j'aimais les garçons, j'allais sûrement être victime de discrimination.

Ce n'est que bien plus tard que j'ai compris que j'avais mal interprété ce que ma mère et mon père m'avaient dit. On ne sait jamais ce qui nous pousse à refouler notre vraie personnalité.

Peut-être avez-vous vécu la même chose. C'est tout à fait normal quand on ne peut pas être qui on est vraiment ; les événements traumatisants ne s'effacent pas facilement de notre mémoire. J'ai décidé de résoudre ce problème entre mes parents et moi de façon appropriée. Ainsi, quelques années après leur avoir révélé mon homosexualité – dont je parlerai plus tard –, je leur ai demandé pourquoi ils m'avaient dit ces choses.

Voici ce que ma mère m'a répondu : « Je n'aime pas le vernis à ongles parce que j'ai l'impression que les ongles ne peuvent pas respirer ; je pensais que ce serait mauvais pour ta santé. Ne t'ai-je pas laissé porter mes jupes quand tu étais petit ? Je ne t'ai jamais reproché de le faire. »

Quand elle m'a dit ça, j'ai pensé : *Elle a raison ! Il y a cette photo de quand j'étais petit où je porte une de ses jupes avec un* furoshiki *(un tissu pour emballer les cadeaux et les objets) fuchsia sur ma tête en guise de cheveux longs. Les faits sont là.*

Concernant ce que mon père m'avait dit : « Cette personne est un homme », il ne voulait pas insinuer autre chose. Il ne faisait que remarquer le fait que la personne était transgenre. Cependant, comme les femmes transgenres étaient mal considérées dans la société japonaise, j'ai certainement étouffé toute velléité de vivre comme telle. Si la société s'était montrée vraiment tolérante, les choses auraient pu être différentes. La transphobie est quelque chose qui me fait encore parfois peur d'être qui je suis. Je ne veux pas que les autres réagissent négativement à mon égard ou être victime de violence. Pour le moment, je suis à l'aise avec mon corps masculin, mais je serais également heureux si je me réveillais demain avec un corps de femme.

En tout cas, les malentendus avec mes parents se sont dissipés. Car au fond il ne s'agissait que de cela : des malentendus, même si, à l'époque, je percevais les choses de façon complètement différente.

Durant mon enfance au Japon, et plus tard aux États-Unis, j'étais terrifié à l'idée que mes parents apprennent par quelqu'un d'autre que je n'étais pas hétérosexuel. J'avais peur qu'ils m'abandonnent s'ils le découvraient. Je redoutais qu'ils l'apprennent d'une manière indirecte, aussi je me gardais bien de me confier, même à des amis proches. Je ne faisais confiance à personne.

Mais ne pas pouvoir exprimer sa profonde identité signifie que vous ne pouvez pas être pleinement vous-même ; et ne pas pouvoir s'accepter soi-même simplement parce que l'on est différent des autres peut être vécu comme une grande injustice. En fin de compte, je crois que la seule façon de libérer son cœur est de trouver quelqu'un avec qui l'on peut être soi-même et à qui confier ce que l'on vit. Révéler votre vraie nature à une autre personne vous aidera à vous libérer.

Évidemment, révéler à son entourage qui on est vraiment n'est pas à la portée de tout le monde. Mais je crois que le fait d'en parler à quelqu'un qui, selon vous, sera en mesure de comprendre peut faciliter les choses. Il n'y a pas de règle pour déterminer à qui en parler ou quand le faire. Mais si vous vous sentez prêt et vous décidez à le faire, je soutiens votre courage. Et n'oubliez pas que même si les personnes de votre entourage actuel ne vous comprennent pas, vous pouvez vous tourner vers votre famille et vos amis d'âme et de cœur.

Le changement auquel vous aspirez se produira au moment où vous déciderez d'être vraiment vous-même.

Le changement n'est pas facile, mais si vous fuyez ou abandonnez, rien ne changera jamais.

Sachez distinguer les sentiments des autres de vos propres émotions

Après avoir annoncé à mes parents que j'étais homosexuel, tout est devenu beaucoup plus simple, même si je crois que mon père était au départ un peu inquiet de la réaction que pourrait avoir la communauté du temple. Pendant cette période, j'ai participé à des émissions à la télévision nationale au Japon, où j'enseignais des techniques de maquillage à des personnes souffrant de maladies et à des femmes transsexuelles en transition. C'est également au cours de cette émission que j'ai révélé mon homosexualité publiquement en expliquant comment j'avais lutté contre mon orientation sexuelle. Par la suite, une personne m'a écrit une lettre dans laquelle elle disait avoir été émue après m'avoir vu à la télévision. Plus tard, on m'a également demandé de faire des interventions devant d'autres moines de l'École de la Terre pure et les réactions ont été tout aussi positives. Mon père a donc fini par être rassuré.

Toutefois, sur Internet, je lisais des commentaires négatifs comme: « Tu n'es pas un vrai moine. Regarde les moines thaïlandais ! » Certains commentaires étaient tellement absurdes que j'avais instinctivement envie de répondre : « Mais que connais-tu du bouddhisme ? »

Cela m'a amené à réfléchir sérieusement : *Pourquoi une personne dit-elle une chose pareille ?* Elle parlait en se basant sur ce qu'elle croyait savoir et cela ne signifiait pas pour autant qu'elle avait raison.

Nous ne pouvons pas contrôler la façon dont les autres pensent, mais nous pouvons essayer de les comprendre.

Voici une petite histoire romantique : pendant la formation pour devenir moine, j'ai rencontré un autre apprenti qui m'a confié qu'il avait déjà été amoureux d'un homme. Je me suis dit : *Il est peut-être bisexuel ?!* Nous nous entendions très bien et il m'a vraiment plu. Je lui ai fait part des sentiments que j'éprouvais pour lui, mais il m'a répondu qu'il me considérait seulement comme un ami. Tout en me disant qu'il n'était pas sûr de la nature de ses sentiments pour moi, il m'a quand même dit qu'il aurait bien aimé qu'on voyage ensemble au Vietnam et en Thaïlande, et qu'il souhaitait que nous continuions à passer du temps ensemble.

Il rêvait de devenir réalisateur de films, mais ses parents attendaient de lui qu'il prenne la succession du temple familial et de la clinique d'acupuncture adjacente que son père gérait également. Quand il m'a invité chez lui, je pense que c'était pour les persuader de le soutenir dans ce qu'il désirait faire. J'ai d'ailleurs fait tout mon possible en ce sens, à mon arrivée je leur ai offert des cadeaux que j'avais soigneusement choisis, puis pendant mon séjour, j'ai balayé le temple, ramassé les feuilles mortes dans le jardin, fait la vaisselle et participé aux cérémonies. Je voulais montrer que j'étais un bon moine en faisant les choses avec amour et en étant moi-même.

J'avais compris que ses parents n'étaient pas non plus au courant de l'orientation sexuelle de leur fils. Lorsque j'ai mentionné qu'il souhaitait étudier aux États-Unis, ils ont froncé les sourcils et m'ont demandé : « Tes parents sont aussi des moines bouddhistes, n'est-ce pas ? T'ont-ils dit que tu peux faire ce que tu veux de ton avenir ? Comment t'ont-ils élevé ? » Deux mots se lisaient sur leurs visages : « Pas question ! » Je voulais leur montrer qu'il était possible d'étudier aux États-Unis, d'être libre, heureux et de réussir. Je voulais qu'ils sachent qu'une personne peut réaliser ses rêves tout en étant un moine brillant, afin qu'ils soutiennent le rêve de mon ami.

Au début, ses parents s'étaient montrés très accueillants, m'emmenant dans tous les bons restaurants, aux sources thermales et aux festivals locaux. J'avais été présenté à toute la famille et à ses amis, et j'étais devenu très proche de toute la communauté. Je participais aux tâches ménagères, aux cérémonies et autres événements bouddhistes pendant la journée, et le soir, nous regardions des films tous ensemble.

À l'époque, j'étais reparti vivre aux États-Unis et je n'avais pu aller voir mon ami que l'été, quand je suis revenu au Japon. L'année suivante, il m'a à nouveau invité à lui rendre visite. Lors de ce deuxième séjour, je me suis rapproché d'une voisine de sa mère qui semblait le soutenir dans ce qu'il voulait faire.

Mais un jour, cette voisine a dit à sa mère que j'étais sûrement homosexuel. J'en ai des frissons rien qu'en me rappelant comment elle s'est mise à paniquer. C'était comme dans un film. Elle a commencé à me lancer des regards noirs et à me critiquer pour les moindres choses, par exemple pour ne pas avoir posé mes baguettes sur le porte-baguettes (ce qu'elle n'avait jamais fait auparavant). « Les porte-baguettes sur la table, *ils servent à quoi* ? » m'a-t-elle demandé. Je pouvais percevoir sa peur et sa fureur à l'idée que son fils puisse aussi être attiré par les hommes, ce qui est la dernière chose qu'elle voulait voir se produire. Elle avait élevé son fils pour qu'il devienne moine et qu'il prenne soin d'elle lorsqu'elle serait plus âgée. Jamais elle ne le laisserait fréquenter un homme, ni ne le laisserait partir vivre à l'étranger. Jamais !

Un signal d'alarme s'est mis à retentir dans ma tête. D'habitude, le soir on regardait des films tous ensemble, mais ce soir-là, elle m'a dit d'aller me coucher immédiatement, car ils avaient besoin de parler de quelque chose en famille. J'étais vraiment effrayé. Je ne savais pas si je me réveillerais vivant le lendemain matin. Me trouver dans ce temple appartenant à une autre famille avec quelqu'un qui me lançait ces regards noirs a rendu la nuit encore plus sombre que d'habitude. Comme je ne pouvais même pas parler à mon ami qui allait dormir à l'étage, je lui ai envoyé un texto : « S'il te plaît, fais ce que tu penses être le mieux pour toi. Je suis prêt à partir dès demain, alors ne t'inquiète pas pour moi. »

« Il n'y a jamais eu, il n'y aura jamais, et il n'y a pas aujourd'hui une personne qui puisse être totalement blâmée ou totalement louée. »

Dhammapada, 228

Le lendemain, mon ami ne s'est levé que dans l'après-midi. Ce fut extrêmement désagréable de me réveiller et me retrouver seul avec sa mère. Elle m'a dit : « Mon fils va se marier dans ce temple et fonder une famille. Alors laisse tomber. Tu as été gentil et travailleur, mais as-tu agi ainsi pour essayer de nous convaincre que l'homosexualité est quelque chose d'acceptable ? L'homosexualité n'a rien de naturel. Ce sont certainement les additifs et les colorants alimentaires qui ont déréglé tes hormones. Tu devrais lire un livre sur la macrobiotique ! » Puis elle a ajouté : « Ta mère a dû consommer des additifs alimentaires, c'est pour ça que tu es né homosexuel. »

J'ai été tellement choqué que sur le moment, je n'ai même pas ressenti de colère. Il m'était impossible de comprendre comment elle pouvait me dire de telles choses. Plus tard, mon ami est descendu et je lui ai demandé de quoi ils avaient parlé la nuit dernière. Il m'a dit que sa mère avait appris que j'étais homosexuel, et que c'était contre la loi de la nature. Il avait essayé de me défendre en lui expliquant qu'elle avait tort, mais il n'avait pas réussi à la convaincre. Il semblait totalement perdu et impuissant.

Il a fini par me dire : « Je te considère seulement comme un ami, mais je te remercie pour les moments qu'on a passés ensemble ces deux dernières années. »

Je me suis dit que si je devenais émotif et que je répliquais, sa mère aurait gagné en me mettant en colère et en donnant d'une certaine manière l'impression que j'étais vraiment corrompu. Alors je lui ai juste répondu : « Merci à toi pour tout ce que tu m'as apporté. »

Son père est arrivé et m'a tendu 30 000 yens, soit environ 300 dollars, en me disant que c'était pour les travaux de nettoyage dans le temple et ma participation aux cérémonies. Je les ai refusés en lui disant : « Non, je n'en ai pas besoin. »

Il m'a dit : « Eh bien prends-les pour payer ton billet d'avion. »

J'ai simplement répondu : « Non merci » et je suis parti.

Sur le chemin pour me rendre à la gare, j'ai appelé ma mère en pleurant, et elle m'a immédiatement réservé un vol de retour de Kyushu à Tokyo.

J'étais en colère comme jamais je ne l'avais été. Je n'avais jamais ressenti autant de haine à mon égard à cause de mon homosexualité, de plus c'était mon ami qui m'avait demandé de venir chez lui deux années de suite, alors même qu'il savait qu'il me plaisait. Qu'avais-je fait de mal pour mériter d'être traité de cette façon, pour qu'on me dise que j'allais à l'encontre de la nature et de ma famille ?

Par la suite, j'ai lu le livre sur la macrobiotique dont la mère de mon ami m'avait parlé. Il décrit l'homosexualité comme étant anormale et affirme que lorsque l'équilibre yin et yang qui assure la bonne circulation des énergies dans le corps est rompu, une personne peut en venir à éprouver du désir pour les personnes du même sexe et même pour les animaux.

Pendant des mois, je me suis demandé : *Pourquoi elle m'en voulait autant ? Pourquoi elle m'a dit ces choses ?* La colère s'est emparée de moi, mon eczéma a explosé, et je me suis détesté encore plus. J'étais profondément déprimé, mon cœur ne souriait plus. Je réfléchissais à toutes sortes de façons me venger, mais ces pensées ne faisaient que me faire souffrir davantage. C'est alors que j'ai commencé à noter mes pensées dans un carnet pour m'aider à analyser ce qui s'était passé.

« Dans les fissures et les gouffres des montagnes, les ruisseaux jaillissent bruyamment, mais les grandes rivières coulent en silence. Les choses vides font du bruit alors que les choses pleines sont toujours silencieuses. »

Sutta Nipāta, 720

J'ai fini par comprendre que la mère de mon ami se sentait probablement enfermée dans le temple et qu'on attendait d'elle qu'elle agisse d'une certaine manière. Elle avait projeté sa souffrance sur moi. D'après ce que j'avais compris, lorsque son fils était né, elle ne souhaitait pas qu'il devienne moine, mais à cause de la pression de ses grands-parents, elle s'était conditionnée elle-même et persuadée qu'il le serait et avait consacré sa vie à élever un héritier pour le temple. On lui avait appris à coudre des robes pour les moines et à rester dans le temple pour servir les invités. Elle n'avait jamais été autorisée à voyager ni même à participer à des activités en dehors de l'enceinte du temple. Je me suis souvenu que ce n'était que récemment qu'elle avait eu la permission de rejoindre les bénévoles locaux qui aidaient les enfants en leur proposant des sports, de la danse et des jeux dans la nature.

« Comme la poussière
disparaît avec la pluie,
la souffrance disparaît
avec la sagesse. »

Udānavarga, 12, 2

Elle était littéralement prisonnière du temple ; elle devait se sentir seule et frustrée. J'ai pris conscience qu'en fait c'était elle qui était triste et en colère, et que pour cette raison il lui était impossible de concevoir que quelqu'un d'autre puisse aller et venir librement et être heureux.

Je me suis finalement libéré de ma colère. Je sais que je suis quelqu'un de conscient, que j'ai du talent, que je suis aimé et que je suis libre.

J'ai cessé d'être en colère contre les gens qui ne sont pas heureux, car je ne vis pas leur vie. Quand on ressent des émotions négatives de la part des autres, nos propres émotions peuvent aussi le devenir. Mais j'ai compris que l'on n'est pas obligé de se laisser envahir par les émotions des autres. En revanche, on peut ressentir de la compassion pour eux et les aider dans la mesure du possible, car ces personnes cachent souvent elles aussi une grande sensibilité.

Ce que vous devez faire, c'est comprendre l'origine de vos propres émotions.

La colère n'est pas toujours mauvaise, elle peut parfois provoquer des changements. Cependant, être constamment en colère n'est pas sain. Elle peut être utilisée comme une motivation nécessaire pour progresser, mais il faut veiller à ne pas s'y complaire trop longtemps.

« Dompte la colère en ne cédant pas à la colère. Dompte le mal par le bien. Dompte l'avarice par la générosité. Dompte le mensonge par la vérité. »

Dhammapada, 223

Pourquoi ressent-on de la colère ?

Si quelqu'un vous met en colère, c'est parce que vous accordez de l'importance à cette personne. Si ce n'était pas le cas, vous ne ressentiriez pas cette émotion.

Mon homosexualité m'a fait souffrir, mais j'ai appris à la chérir. Mes parents ont une grande importance dans ma vie ; ils m'ont conseillé de faire ce que j'aimais et de vivre là où je le souhaitais. Aussi, lorsque des choses qui me tiennent à cœur sont injustement attaquées, il m'arrive de me mettre en colère.

Je crois que la colère trouve son origine en nous. Le bouddhisme nous dit qu'elle naît avec la certitude « d'avoir raison ». Il nous enseigne que les trois poisons : l'ignorance, la colère et l'avidité, sont à l'origine de la souffrance humaine, mais également que nous pouvons chercher à les dépasser en suivant le Noble sentier octuple (voir page 108).

Il est extrêmement difficile d'aimer et d'aider autrui lorsque nous sommes en colère, et en tant qu'êtres humains, il est possible que nous ne parvenions pas complètement à nous libérer de ces trois poisons. D'un autre côté, ils peuvent nous motiver à nous améliorer. La colère et la haine peuvent nous encourager à mieux contrôler nos émotions en imaginant des solutions alternatives, et l'ignorance et l'illusion peuvent nous inviter à étudier davantage ce que nous méconnaissons.

Il arrive parfois que nous nous mettions en colère parce que nous ne sommes pas vraiment complètement honnêtes avec nous-mêmes. Et la vérité est que nous n'avons pas toujours raison. Par exemple, l'autre jour, une personne m'a énervé parce qu'elle n'arrêtait pas de parler. Lorsque j'ai réfléchi à la raison de mon irritation (et je n'ai pas l'habitude de considérer cette personne de cette façon), j'ai compris que j'étais tout simplement en colère parce que j'avais envie d'aller aux toilettes ! Je blâmais cette personne parce que je ne reconnaissais pas que mon énervement était dû à mon impatience.

Lorsque vous souffrez ou subissez une situation, vous n'êtes pas pleinement à l'écoute de vous-même ; vous ne savez pas non plus pourquoi vous réagissez de telle ou telle manière et il est alors facile pour la colère de surgir. Après tout, il est plus facile de rejeter la faute sur les autres. De la même façon, quelqu'un qui n'a pas pu se libérer de sa souffrance va projeter sa colère sur moi.

Certaines personnes sont totalement soumises aux règles imposées par leur famille ou leur communauté. D'autres sont obligées de suivre certaines études comme si elles n'avaient pas d'autre choix. Il est compréhensible que lorsque des personnes dont la vie est éprouvante me voient – un moine qui se maquille et porte des talons hauts –, elles se mettent en colère et me disent : « Tu n'as rien d'un moine ! » Parce que si ces personnes acceptaient qui je suis, elles commenceraient probablement à réfléchir et à se poser des questions sur leurs propres valeurs. Il est naturel que les gens ressentent un certain malaise face à des choses qui ne leur sont pas familières. Par exemple, quand j'étais plus jeune, mon père m'a dit un jour de ne pas porter de pantalon rouge parce que c'était trop voyant. Une autre fois, il m'a dit de ne pas mettre de lunettes de soleil parce que je pourrais être associé aux yakuzas (la mafia japonaise). Je me suis dit : *Oh, allez !* Mais, dans une certaine mesure, il avait raison. Lorsque le Japon a perdu la Seconde Guerre mondiale, la plupart des Japonais étaient pauvres. Afin de reconstruire la solidarité, on s'abstenait d'afficher sa richesse et de partir en vacances. Cependant, aujourd'hui, cette même morale empêche les gens de profiter de certaines opportunités ou de faire preuve d'originalité.

Le mot japonais pour « endurance » – 我慢 (*gaman*) – est en fait un terme bouddhiste. De nos jours, il tend à signifier « endurer des choses », mais le sens littéral du mot est « orgueil égoïste ». Les enseignements bouddhistes mettent en garde contre la tendance à se sentir important, à devenir orgueilleux et à regarder les autres de haut. La capacité à endurer les choses peut devenir une forme d'orgueil. Je me suis déjà trouvé dans une situation où je gaspillais mon temps, où je faisais abstraction de mes sentiments et où j'endurais toutes sortes de choses – tout cela pour une personne spécifique. Je pensais que si je supportais la situation, cette personne comprendrait alors ma valeur. C'était vraiment de l'arrogance, car je pensais que cette personne finirait par comprendre que « j'avais raison ». En fait, cela n'a rien changé chez elle. J'ai commencé à lui en vouloir, mon eczéma a empiré et j'ai beaucoup souffert.

Vous ne pouvez pas changer quelqu'un ; la seule personne que vous pouvez changer, c'est vous.

Je connaîtrai certainement d'autres moments où il me faudra endurer quelque chose ou souffrir. Mais lorsque cela se produira, je me demanderai : *Es-tu en train de supporter quelque chose que tu ne devrais pas ?*

Apprenez à vous écouter

Le monde a encore tendance à parler de la capacité à endurer et de l'abnégation comme étant de merveilleuses vertus. Combien votre vie serait ennuyeuse si elle n'offrait que peu de plaisir et qu'il ne s'agissait que d'endurer les choses ! (Je ne suis pas non plus en train de dire que nous devrions nous noyer dans le plaisir.)

Personnellement, je ne pense pas que prendre soin de soi en évitant les souffrances inutiles soit une mauvaise chose. Ne pas accepter de supporter certaines situations, ne pas cacher ses vrais sentiments, montrer ses faiblesses, est tout à fait normal. Et faire ce que l'on souhaite, exprimer ses opinions et profiter de la vie, l'est également. Vous ne devez jamais avoir honte de dire ce que vous aimez. Personne n'a le droit de réfuter ce vers quoi votre cœur se sent attiré.

Certaines personnes vous diront : « Mais la vie est ainsi faite, nous ne sommes pas libres. » N'oubliez jamais ceci : votre vie actuelle est celle que vous choisissez ; pas celle que vos parents, votre patron ou vos amis vous disent que vous devriez mener. Si vous vous contentez de faire ce que quelqu'un d'autre vous dit de faire, vous remettez votre vie entre ses mains.

La pensée autodestructrice – selon laquelle l'arrogance ou l'abnégation sont de bonnes choses – vous empêche d'être honnête envers vous-même. Je suis tout à fait d'accord avec le fait de travailler dur pour soi, mais vous seriez surpris de l'énergie autodestructrice qui sous-tend des réflexions comme : *Il faut que j'arrive à supporter ce que ça me demande* ou *Je ne peux pas abandonner alors que tous les autres travaillent sans relâche.*

L'idée selon laquelle « il faut faire comme tout le monde » est susceptible de freiner votre vie et de vous faire souffrir. Pour vivre en étant pleinement vous-même, il est nécessaire de vous fixer des limites pour vous protéger. Chaque fois que ce genre de situation se présente, je me dis que rien ne justifie que je fasse ce que l'on attend de moi, puis je trouve le courage d'être fidèle à moi-même.

C'est à vous de décider comment vous voulez vivre votre vie.

Ne vous faites pas souffrir en nourrissant des pensées autodestructrices pour supporter de faire des choses dont vous n'avez pas envie ! S'aimer soi-même signifie se protéger. N'essayez pas de prendre les choses sur vous au point d'en négliger votre propre cœur.

Écartez les pensées négatives

À l'École de la Terre pure, nous vénérons le Bouddha Amida qui s'est incarné après la mort physique de Siddhârta Gautama. Le Bouddha Amida est présenté dans les sutras du Mahayana, où il dit que si nous récitons son nom, il nous guidera vers la Terre pure. Dans ce lieu comparable au paradis, nous pourrons nous entraîner à devenir des bouddhas, et finalement atteindre l'Éveil et nous libérer du cycle des réincarnations – un cycle où nous continuons à renaître après la mort en tant qu'animaux, humains, fantômes affamés ou êtres célestes. Mais chaque fois que nous perdons la paix de l'esprit, il y a toujours de la souffrance. Nous continuons à être victimes des trois poisons que sont l'ignorance, la colère et l'avidité. C'est pourquoi nous récitons son nom pour sortir de ce cycle de souffrance.

Avec mes compagnons apprentis moines, nous méditons en récitant *Namu Amida Butsu* (« Je prends refuge dans le Bouddha

Amida »). Il nous a été enseigné qu'en récitant ces mots fidèlement, nous pouvons tous être libérés, même si nous sommes de simples humains qui commettent constamment des erreurs. Cette approche est non discriminatoire et tolérante. Je n'attends pas de vous que vous récitiez le nom de Bouddha, car je sais que chacun a ses propres valeurs. Mais laissez-moi vous présenter la méthode que je préfère pour se mettre à l'écoute de son cœur et qui peut être utilisée quelles que soient nos croyances.

Méditez pour être à l'écoute de votre cœur

Lorsque je me sens anxieux ou que je ne comprends pas quelque chose, je me pose la question suivante : *Que ressent mon cœur ?* Et je ne ferme jamais mes oreilles à la réponse. Pour écouter votre cœur, notez vos pensées sur une feuille de papier, telles qu'elles se présentent. Écrivez tout ce qui vous vient à l'esprit, comme si votre cœur vous parlait. Une fois que vous serez capable d'observer vos pensées, vous commencerez à voir ce qui vous empêche d'être libre, ou ce qui vous fait souffrir.

1. Installez-vous à votre bureau ou à une table en veillant à ne pas être dérangé (fermez la porte à clé si c'est nécessaire !).

2. Choisissez un stylo avec lequel vous pourrez écrire de façon fluide et prenez une feuille de papier vierge.

3. À mesure que vos pensées surgissent, écrivez-les. Par exemple : *Je commence cette note, mais je ne sais pas quoi écrire ; ma famille me propose de partir en voyage, mais je voudrais vraiment finir mon livre, alors j'hésite à les accompagner. Ça pourrait être agréable, mais finir mon livre est essentiel pour moi, donc ça ne va pas être possible. Mais quand j'y pense... Je pourrais peut-être travailler dans la chambre d'hôtel...*

Écrivez tout simplement ce qui vous vient à l'esprit !

4 Lorsque vous ressentez que vous n'avez plus rien à exprimer, arrêtez-vous.

5 Relisez tranquillement ce que vous avez écrit, et servez-vous-en pour analyser ce qui se passe actuellement dans votre vie, et ce qui vous dérange. En faisant cela, vous pourrez voir votre situation avec un certain recul.

6 Refaites cet exercice aussi souvent que vous le souhaitez.

RuPaul a dit un jour que la méditation nous permet de quitter la rivière des émotions et de grimper au sommet de la montagne pour la regarder de loin. En effet, lorsque nous observons une situation d'un point de vue différent, cela nous permet de voir les choses plus clairement. C'est ce que j'ai fait pour surmonter ma colère face à la discrimination dont j'ai été victime en raison de mon orientation sexuelle. Et en fait, vous savez quoi ? Vous n'avez même pas besoin d'écrire quoi que ce soit ; si vous préférez exprimer vos pensées à voix haute ou partager vos sentiments avec vos amis, c'est tout aussi bien ! C'est ce que je fais moi-même ! Il s'agit d'exprimer vos pensées, sans filtre. Une fois la confusion dissipée, la transparence apparaît.

S'accepter soi-même

De quoi avons-nous besoin pour nous aimer nous-mêmes ? De mon point de vue, il nous faut trouver des raisons de nous aimer et d'avoir confiance en nous. Développer la confiance en soi est un processus essentiel, mais la plupart des gens pensent à tort que cette confiance repose sur notre compétence à faire quelque chose. La confiance, c'est croire en soi. Mais comment faire pour acquérir cette confiance ?

Personnellement, je pense qu'il s'agit de se connaître, d'être conscient de ce que l'on sait faire, mais aussi de ce que l'on ne sait pas faire. En japonais, la confiance s'écrit 自信 (*ji-shin*), ce qui ne signifie pas que vous devez être bon dans quelque chose, mais que vous savez qui vous êtes en tant que personne.

Avoir confiance en ses compétences linguistiques ou son apparence physique est bien sûr quelque chose de merveilleux, mais si quelqu'un de meilleur en langues ou plus beau que vous se présente, cette confiance a tendance à vaciller. Faire reposer votre confiance sur vos compétences ou votre apparence physique ne vous sera d'aucun soutien lorsque vous vous sentirez déprimé ou que vous serez confronté à des problèmes. Je ne considère donc pas cela comme la véritable confiance en soi. Je crois davantage que la vraie force est de croire en ce que nous sommes en tant que personne, en notre personnalité et notre façon de penser, car cette confiance-là sera inébranlable, peu importe qui entre dans la pièce. Par exemple, je sais que j'aime l'art et la musique, que je sais être à l'écoute des autres et que je suis créatif. Ce sont des vecteurs de confiance qui ne nécessitent aucune compétence ou capacité particulières. Peut-être ne croyez-vous pas en vous-même parce que vous pensez être moins capable que les autres ? Mais, voyez-vous, la confiance en soi ne tient pas seulement au fait d'être bon ou meilleur dans un domaine.

Si vous vous trouvez dans une situation difficile et que vous vous dites : *Je ne suis bon à rien. Je suis épuisé mentalement. Je n'ai pas le courage de faire quoi que ce soit*, j'aimerais vous dire ceci : en réalité, vous possédez une conscience inébranlable qui repose sur la compréhension totale de votre situation actuelle. Personne n'est parfait. Pouvoir reconnaître la situation, la comprendre et s'accepter tel que l'on est quelque chose de merveilleux.

Lorsque vous savez qui vous êtes et que vous vous acceptez avec positivité, vous prenez conscience qu'il est inutile de vous comparer aux autres.

C'est là une source de confiance inébranlable en toute situation, et je suis sûr que cela vous rendra la vie plus facile !

Soyez honnête avec vous-même

Soyez réaliste quant à vos points forts et vos points faibles. C'est la première étape. Vous devez avoir confiance en ce que vous êtes capable de faire et être conscient de ce que vous ne pouvez pas faire.

Je pense que le fait de savoir dans quoi on est bon, ou pas, est une forme de confiance en soi. Par exemple, j'ai confiance en moi dans les domaines de l'art et des langues. J'ai toujours autant de plaisir à étudier l'anglais et l'espagnol. Lorsque je parle ces langues, les gens ont tendance à être surpris et à me féliciter, donc je suppose que j'ai davantage de facilité dans ce domaine que la plupart des gens. J'utilise ma confiance en cette capacité pour apprendre des formules de salutation dans de nombreuses langues, pour pouvoir saluer les gens des pays en question. Les gens sont heureux quand je leur parle dans leur propre langue et le contact est immédiat.

En revanche, il y a d'autres domaines dans lesquels je sais que je ne suis pas bon, comme certains sports et matières scolaires. Par exemple, je ne suis pas fort en histoire, mais je me suis rendu compte que si je m'intéresse à une personne, son pays d'origine et l'histoire de ce pays, cela me permet de mieux comprendre ce qui se passe dans le monde aujourd'hui. En ce moment, pendant que je m'entraîne à la salle de sport, j'écoute des podcasts divertissants sur l'histoire du monde et des religions. J'avais lu autrefois des mangas sur ce sujet, mais je ne m'en souvenais pas du tout. Ces podcasts me permettent de découvrir l'histoire et les cultures du monde entier de façon ludique, comme si j'écoutais la radio.

« La sagesse profonde,
l'acquisition
de compétences,
l'apprentissage
de la discipline,
l'utilisation
intelligente des mots,
voilà le bonheur. »

Sutta Nipāta, 261

Mes connaissances qui étaient assez vagues sont rapidement devenues plus claires, et mes sentiments de mal-être et d'infériorité se sont progressivement estompés. J'ai vraiment pris conscience à quel point le savoir est essentiel.

Une fois que vous acceptez de ne pas savoir faire certaines choses, vous pouvez chercher d'autres solutions. C'est pourquoi je pense qu'il est important de reconnaître ce que l'on ne sait pas faire.

Ne pensez pas que vous pouvez tout faire vous-même. Chacun a des capacités différentes, alors acceptez ce que vous ne pouvez pas faire et demandez de l'aide.

Il est essentiel de savoir ce que vous pouvez et ne pouvez pas faire, et de reconnaître vos capacités sans vous illusionner vous-même. Comme la société attend de nous que nous connaissions et accomplissions un certain nombre de choses, si vous n'acceptez pas le fait que vous ne pouvez pas répondre à certaines attentes, vous commencerez à cacher et à nier vos faiblesses. À un autre extrême, si l'on vous encense en permanence, vous risquez de devenir excessivement orgueilleux. Cette vanité vous empêchera elle aussi de vivre votre vérité.

Il y a beaucoup d'autres choses pour lesquelles je ne suis pas doué, par exemple, je suis incapable de comprendre les manuels des logiciels Excel et Photoshop. Il me suffit de contacter quelqu'un qui s'y connaît dans ce domaine et de lui demander son aide, ce qui me permet de résoudre le problème.

Nous sommes tous plus ou moins doués dans divers domaines, alors pourquoi devrions-nous tout assumer nous-mêmes ? Lorsque vous êtes conscient de ce que vous n'êtes pas en mesure de faire et que vous acceptez l'aide des autres, les choses que vous n'êtes pas apte à faire deviennent faisables !

Aujourd'hui, j'aime le rangement, mais quand je suis retourné au Japon en 2019, mon ancienne chambre était un fouillis : il y avait des mangas de l'époque où j'étais à l'école, des lettres de camarades de classe, des objets cassés et des vieux cahiers de cours. Je me suis alors demandé : *Quelqu'un qui ne range pas sa propre maison peut-il vraiment se sentir beau et performant ?* Bien entendu, la réponse était non. Je me suis dit que je devais faire quelque chose pour remédier à ça. J'ai donc décidé de prendre trois leçons de rangement avec une personne qui me semblait experte en la matière, l'une des meilleures élèves de Marie Kondo, l'auteure de *Ranger : l'étincelle du bonheur*.

Aujourd'hui, toutes mes affaires sont soigneusement rangées et je peux même dire que je vis entouré de choses qui suscitent la joie. Victoire ! Même au moment où j'écris ces lignes, plus d'un an après avoir pris ces cours, mes placards et mes tiroirs sont toujours parfaitement rangés. Ma chambre est toujours impeccablement ordonnée, de sorte que quelqu'un peut venir à tout moment pour y prendre des photos !

Je n'ai pas honte des choses que je ne sais pas faire et je ne les cache pas. J'écoute attentivement les conseils des spécialistes dans leur domaine et une fois qu'ils m'ont aidé ou appris comment procéder, je suis capable de le faire à mon tour.

Cependant, je pense que les résultats dépendent de l'enseignant, c'est pourquoi je porte une grande attention au choix de la personne qui pourra me transmettre un enseignement de qualité. Ma méthode consiste à passer moins de temps à me poser des questions et plus de temps à chercher un bon professeur. Si le professeur que vous avez choisi ne vous donne pas l'impression de progresser, je vous conseille d'en chercher un autre. Beaucoup de gens se disent professionnels, mais ne sont pas vraiment qualifiés pour être considérés comme tels. (Désolé, mais je suis juste honnête !)

Transformez vos faiblesses en forces

Comme je l'ai dit précédemment, être conscient de ce que vous pouvez faire et ne pas faire participe à la confiance en soi. Cependant, je crois aussi que travailler sur tous vos aspects avec positivité – vos forces et vos faiblesses – est la clé pour découvrir qui vous êtes vraiment. Quand vous vous perfectionnez dans les domaines pour lesquels vous êtes doué, l'amélioration est évidente. Dans le même temps, en regardant les choses sous un angle différent, même ce que vous pensiez être une faiblesse peut devenir un atout intéressant.

Par exemple, dans le passé, je n'aimais pas ma façon de parler. Les gens me disaient que ma voix les endormait ! Pendant longtemps, j'ai pensé que je devrais la corriger. Mais au lieu de faire des efforts futiles pour rendre ma voix plus énergique, j'ai changé ma façon de penser. J'ai décidé de rendre ma voix plus « relaxante », et c'est devenu un aspect de ma personnalité. Mes amis n'ont pas tardé à me dire : « Tu es le seul à pouvoir apaiser les gens avec ta voix », ou « Ta voix est relaxante, tu devrais enregistrer des histoires du soir pour les enfants ». J'ai commencé à considérer ma voix de manière positive, comme une force plutôt qu'une faiblesse.

J'avais aussi un complexe à cause de mes yeux bridés, mais j'ai abandonné l'utilisation de la colle à paupière pour créer un pli afin d'agrandir mon regard. Je préfère mettre en valeur la forme distinctive de mes yeux en étendant mon eye-liner sur les côtés, ce qui rend mon regard encore plus vif. Mes yeux sont devenus un moyen d'exprimer : « Voilà qui je suis ! »

Au lieu de courir après un idéal lointain, accepter ce qui me va bien m'a donné confiance en moi. Je ne veux pas être une Barbie, mais une beauté asiatique !

De la même manière que certains Asiatiques rêvent d'avoir de grands yeux, certaines personnes en Europe et en Amérique du Nord adoreraient avoir les yeux en forme d'amande des Asiatiques, dont le regard perçant dégage quelque chose de mystérieux. À l'époque où je passais du temps avec mes amis espagnols, l'un d'entre eux m'a dit : « Je voudrais faire de la chirurgie esthétique pour que mes yeux soient plus petits et mon nez plus tombant. » J'avais été vraiment choqué que quelqu'un veuille se faire opérer pour me ressembler.

J'avais des critères de beauté précis, mais il existe tellement de types de beauté différents. C'est à l'appréciation de chacun. Pourquoi limiter l'idée que je me fais de la beauté alors que je peux changer mes préjugés pour m'aimer davantage. Je veux avoir une vision plus large qui me permet de voir la beauté et l'originalité de chacun et l'appliquer à moi-même. Lorsque j'ai commencé à penser de cette façon, cela m'a permis de changer.

Je ne me suis bien sûr pas mis à aimer mes yeux du jour au lendemain. Je me suis entraîné à me maquiller encore et encore. À force d'observation et de pratique, je suis parvenu à un maquillage parfait qui m'a permis d'aimer mes yeux. J'ai aussi appris à les apprécier sans maquillage.

« Celui qui se protège lui-même protège aussi les autres, aussi protégez-vous. Une telle personne est sage et ne peut être blessée. »

Aṅguttara Nikāya

Ce n'était pas l'idéal que j'avais en tête au départ, mais une fois que j'ai accepté une façon d'être qui m'était naturelle, je me suis rendu compte qu'elle me convenait. Lorsqu'on est vraiment soi-même, cela procure un sentiment extrêmement agréable, et quand on se sent bien dans sa peau, on s'aime. Pouvoir m'aimer a fait de moi l'homme le plus heureux du monde. Je n'avais plus besoin d'essayer d'être quelqu'un d'autre, j'étais déjà dans ma complétude !

Il fut un temps où je n'arrivais pas à m'aimer, peut-être parce que j'étais pessimiste à cause de mon homosexualité. J'avais une faible estime de moi et des complexes concernant mon apparence. Je déprimais quand je me regardais dans un miroir ou sur une photo. Après avoir traversé de nombreuses épreuves, je peux dire aujourd'hui que je m'aime vraiment !

Ce n'est pas un péché que de jouir de la vie. Si vous ne vivez pas pleinement chaque instant, vous risquez de passer à côté des joies de l'existence. Ne remettez pas à plus tard les choses que vous aimez. Si vous attendez pour être heureux, vous ne le serez jamais. Célébrez le moment présent ! Personnellement, j'essaie de vivre en étant conscient qu'un jour tout peut disparaître. Il peut m'arriver d'être triste en y pensant, mais c'est la meilleure façon de se préparer à l'avenir et de profiter du moment.

Nous devons œuvrer sans relâche pour le bien de nos vies futures. Tel est le cycle de la naissance, de la mort et de la renaissance. Mais quel dommage de ne pas profiter de notre vie présente. « On n'a qu'une seule vie » est devenu ma citation préférée, surtout depuis que j'ai étudié le bouddhisme et la réincarnation. C'est un peu ironique, n'est-ce pas ? Ce qui me pousse à me demander : *Y a-t-il quelque chose que je souhaite vraiment faire, mais que je remets à plus tard ? Est-ce que je devrais me mettre au saut en parachute dès maintenant ?* La réponse sera peut-être négative, mais il est bon de se poser des questions pour n'avoir aucun regret par la suite.

Le jeu des compliments

Vous avez du mal à vous aimer ? J'aimerais partager avec vous un petit exercice ludique qui m'a aidé à renforcer mon estime de moi. Je l'ai appelé le « jeu des compliments ». Comme je n'arrivais pas à trouver ce que j'aimais chez moi, j'ai décidé de jouer à un petit jeu avec mes amis. Ce jeu consistait à échanger entre nous ce qui nous semblait positif chez l'un et chez l'autre, ce qui m'a permis d'identifier beaucoup plus facilement mes points positifs.

1 Trouvez un(e) ami(e) en qui vous avez suffisamment confiance qu'il ou elle ne vous dira rien qui puisse vous blesser.

2 Pensez chacun à dix choses qui sont positives chez l'autre. Il peut s'agir de caractéristiques physiques, de son style vestimentaire, de sa voix, de son odeur ou d'aspects positifs de sa personnalité.

3 À tour de rôle, échangez vos compliments ! Par exemple : « J'aime ton sens de l'humour » ; « J'aime la façon dont tu t'exprimes dans tes courriels » ; « J'aime les boucles d'oreilles que tu portes aujourd'hui » ; « J'aime quand tu mets du rouge à lèvres ».

Ce qui est bien avec cet exercice, c'est que s'il est difficile de se trouver soi-même dix points positifs, il permet à chacun de souligner des choses positives chez l'autre que l'on est parfois incapable de reconnaître chez soi.

Si vous jouez au jeu des compliments avec cinq amis voire plus, vous découvrirez chacun d'autant plus de choses que les autres apprécient chez vous. Pour certaines d'entre elles, vous vous direz : *Évidemment qu'ils disent ça, parce que j'y mets beaucoup d'énergie*. Mais d'autres compliments vous surprendront et vous vous direz : *Je ne savais pas que les autres pensaient ça de moi !* Dans tous les cas, lorsque les gens vous parlent objectivement de vos qualités, c'est un énorme encouragement.

Par exemple, plusieurs de mes amis m'ont dit : « Kodo, la forme de ta tête est vraiment très jolie », et « Ta façon de bouger est tellement élégante ». Quand je suivais la formation pour devenir moine, une nonne enseignante m'a même dit : « Kodo, la façon dont tu te tiens est très douce et gracieuse. » Pourtant, quand j'étais à l'école, on me rabaissait pour ma façon de bouger. « Tu cours comme une fille », me disaient les autres, alors j'essayais de cacher mes mouvements gracieux. Aujourd'hui, je suis si heureux quand on me félicite pour quelque chose qui me vient naturellement.

Vous vous dites peut-être : *Je suis comme ça, c'est tout*, mais peut-être y a-t-il chez vous des aspects positifs cachés quelque part ? Pourquoi ne pas essayer le jeu des compliments pour essayer de découvrir ces points positifs ?

2

Trouvez votre propre voie

2

Trouvez votre propre voie

Lorsque vous décidez de vivre votre vérité, vous prenez conscience qu'il existe de nombreuses personnes qui vous aiment comme vous êtes. Il est temps d'aller les rencontrer.

Quand j'ai révélé mon homosexualité, des alliés sont apparus. Si vous ne partagez pas ce que vous êtes vraiment avec ceux qui vous entourent, personne ne pourra vous soutenir. Si vous vous cachez, vous ne découvrirez pas ce que le monde peut vous offrir. Même Siddhârta Gautama n'a pas atteint l'Éveil en restant chez lui. Il est parti pour découvrir le monde, en quête de spiritualité.

Jusqu'à ce que j'obtienne mon diplôme d'études secondaires et que je parte vivre à l'étranger, dans des villes comme Boston et New York, je me disais : *J'aime les hommes, donc je ne peux pas me faire des amis*. Mais maintenant que je suis devenu adulte et que je regarde en arrière, je pense que je m'étais tout simplement mis en tête que puisque j'aimais les hommes, tout le monde allait me rejeter. C'était devenu ma réalité et ça m'attristait profondément.

Quand j'étais au lycée, il y avait un gars avec une coupe en brosse et des lunettes qui s'exprimait comme une diva et qui, lui, avait beaucoup d'amis. Il était un excellent élève, toujours le premier de la classe. Je pense que c'est pour ça que les autres le respectaient. Il plaisantait avec les filles et ne cachait absolument pas qui il était. Il était tout le contraire de moi.

Avec le recul, si j'avais eu le courage d'être moi-même, les choses auraient pu être différentes. Mais à l'époque, je m'étais convaincu que personne ne pourrait m'accepter et que je serais forcément rejeté. Je me trouvais des excuses en me disant : *Je ne suis pas aussi intelligent que le gars aux cheveux en brosse, alors ils ne m'accepteront pas.* Je pensais que tout le monde était contre moi et que personne ne pourrait me comprendre. Aujourd'hui, je pense que cela aurait pu ne pas être le cas, et qui sait si ces personnes que je considérais comme des ennemis ne m'auraient pas soutenu et ouvert leur cœur.

Si vous cachez constamment qui vous êtes vraiment et fuyez ceux que vous considérez comme des ennemis, vous finirez par vous reléguer vous-même au second plan.

Il existe bien sûr encore de terribles formes de discrimination dans le monde. Nous devons donc être très prudents et nous protéger lorsqu'il s'agit d'exprimer notre unicité. Dans mon cas, je pensais que je serais victime de discrimination, et c'était probablement vrai à l'époque. Cependant, le monde change et les gens sont en train d'apprendre à respecter nos différences, notamment grâce à Internet, qui nous permet de partager mondialement nos valeurs.

Permettez-moi de vous en dire un peu plus sur le parcours qui m'a amené ici aujourd'hui. Voici ce qui s'est passé quand j'étais jeune et ce que je ressentais en tant qu'enfant.

Comment votre vie a-t-elle commencé ?

La vie est un périple et il est intéressant de retourner dans notre enfance pour découvrir qui nous étions à l'époque alors que nous nous lancions dans la vie, avant de commencer à dissimuler notre véritable identité au monde extérieur.

Je vous ai parlé de la photo qui montre quel genre d'enfant j'étais. Je porte la robe de ma mère et je fais un câlin à Búbulu, une peluche que je garde dans mon lit encore aujourd'hui. J'étais un enfant qui ressemblait au Petit Chaperon rouge.

Je me souviens qu'à l'école maternelle, il y avait des jupes à taille élastiquée pour se déguiser. Une camarade m'avait montré comment en mettre une sur ma tête pour faire semblant d'avoir des cheveux longs. J'adorais faire bouger ma nouvelle « chevelure » et faire virevolter ma jupe.

Ma mère m'a raconté que je lui disais souvent : « Regarde, je suis une fille ! » Quand nous allions en ville, les gens disaient parfois : « Oh, qu'elle est mignonne ! », et maman répondait chaque fois : « Non, c'est un garçon. » Je me souviens que j'étais déçu quand je l'entendais dire ça et je me disais : *Mais... ce n'est pas tout à fait vrai !*

À la maternelle et en primaire, les autres enfants jouaient à la balle au prisonnier dans la cour, mais je ne me joignais jamais à eux. J'avais peur que la balle frappe mes doigts. Je préférais rester tout seul à l'intérieur et faire des dessins d'Ariel la petite sirène ou de Sailor Moon, la super-héroïne de mangas. J'adorais les histoires de femmes qui se rassemblent pour combattre le mal. *Sailor Moon* et *Charlie's Angels* en faisaient partie.

À l'époque, je n'avais pas de baguette de fée comme celles que l'on pouvait acheter dans les magasins de jouets. Mais des magazines offraient parfois gratuitement des kits en papier pour en fabriquer et ma cousine aînée (qui avait alors 19 ans) m'avait aidé à en réaliser une. J'adorais ma cousine et je voulais l'épouser quand je serais plus grand. Je me demande si c'était juste parce qu'on s'amusait ensemble, ou peut-être parce que je pensais que le mariage n'était possible qu'entre les hommes et les femmes. En ce temps-là j'étais petit et je ne savais rien de la sexualité, et l'enfant que j'étais disait fièrement : « Regarde, je suis une fille ! » Mais en grandissant, je n'ai plus su comment je devais me définir.

Quand je suis entré à l'école primaire, j'adorais porter des salopettes en jean car leur style androgyne correspondait parfaitement à quelqu'un comme moi qui ne se sentait ni fille ni garçon. J'aimais beaucoup jouer à la poupée avec les filles, et faire du vélo et des parties de cartes Pokémon avec les garçons. Au fil du temps, j'ai commencé à dire des choses comme « Je n'aime pas les garçons », ou « Je ne veux pas jouer avec les garçons ». Ma mère s'est inquiétée en pensant que quelque chose n'allait pas dans sa façon de m'éduquer. Sur ses étagères, il y avait des ouvrages comme *Comment élever son enfant*. En remarquant son inquiétude, j'ai pensé que c'était ma faute si elle lisait ce genre de livres. (Même si je n'avais rien à me reprocher !) Cela m'a rendu très triste.

Pendant ma troisième année d'école primaire, nous avons visité un centre d'éducation spécialisée. Pendant que ma mère discutait avec les membres du personnel, je me souviens d'avoir joué au jeu vidéo *Street Fighter* avec une femme qui travaillait là et que j'ai adoré ça. J'ai aussi suivi des cours de sport pour améliorer mes performances physiques et pouvoir éventuellement jouer avec d'autres garçons, mais au lieu de cela, je suis tombé amoureux de mon instructeur. Je savais que cet amour ne pouvait pas être partagé (sans parler du fait qu'il était hétérosexuel) et cela a brisé mon cœur. Cela m'arrivait tout le temps, quand je tombais amoureux d'un garçon à l'école, j'étais sûr qu'il allait me prendre pour un fou ou un détraqué. Je me sentais tellement désespéré.

Pendant les cours de natation scolaire, j'étais malheureux et gêné de devoir porter un maillot de bain de garçon. J'avais le sentiment que beaucoup de choses n'avaient pas de sens. Même quand j'avais 3 ans, à la maternelle, je détestais montrer mon corps aux autres et je me cachais derrière un rideau pour me changer.

En grandissant, je ne savais plus quel nom utiliser. Je disais souvent *Kochan* (*Ko,* comme diminutif de Kodo, et *chan*, un suffixe honorifique utilisé au Japon pour désigner une personne « mignonne »). C'était comme si un enfant s'était donné lui-même son nom. Pour dire « je », je ne voulais pas utiliser le mot japonais *watashi*, employé par les filles et les femmes, ni les mots *boku* ou *ore*, employés par les garçons et les hommes. (La langue japonaise possède de nombreux pronoms personnels pour indiquer le sexe, l'âge, le statut, etc.) Comme je n'avais pas d'autre choix, j'ai décidé de choisir *uchi*, un mot neutre et modéré pour dire « je » dans l'ouest du Japon. C'était compliqué pour moi de parler de moi-même à cause de la langue japonaise qui définit le genre. Tous ces aspects qui classaient les hommes et les femmes dans des catégories différentes me mettaient mal à l'aise.

Qu'aimiez-vous quand vous étiez petit ?

Quand j'étais plus jeune, je ne voyais pas l'intérêt d'étudier parce que j'étais persuadé que je ne me servirais jamais de la plupart des choses qu'on nous enseignait à l'école. Je gribouillais mes devoirs avec un crayon, ce qui me valait de devoir rester tout seul après la classe avec des devoirs supplémentaires à faire.

Même après être entré au collège, les études ne m'intéressaient absolument pas. Je posais des questions : « Qui utilise ces formules quand il est adulte ? », ou : « Pourquoi le mot anglais *friend* s'écrit-il comme ça alors qu'il serait plus logique de l'écrire *frend* ? Ça n'a pas de sens ». J'avais beaucoup de doutes et aucune envie d'étudier. Mais pendant les vacances d'été de ma première année de collège, j'avais alors environ 12 ans, ma mère et moi sommes allés à Hawaï... Je suis tombé amoureux de l'endroit et j'ai été conquis par la langue anglaise.

Ma mère est pianiste et l'une de ses élèves, qui habitait près de chez nous à Tokyo, était venue étudier à Hawaï. Elle s'appelait Mizué. Elle avait l'air si stylée et décontractée quand je l'ai vue sur son scooter ! Elle tenait un téléphone portable à la main et discutait avec ses amis : « Salut ! Quoi de neuf ? » Elle nous a traduit le menu du restaurant et a passé la commande en anglais avec beaucoup d'assurance et même les locaux la complimentaient sur son anglais. Je la regardais et je me disais : *C'est comme ça que je veux vivre !* Et je le voulais vraiment. À partir de ce moment-là, j'ai décidé que je voulais faire mes études à Hawaï.

Et puis quelque chose de très positif s'est produit. Pendant ma deuxième année de collège, une enseignante d'anglais est arrivée pour un contrat temporaire d'un an. C'était une Japonaise qui avait grandi à Hawaï. Elle était ravissante avec sa jolie queue-de-cheval brune qui bouclait à son extrémité et une merveilleuse façon de prononcer l'anglais.

Un jour, elle a proposé à la classe que nous écrivions chacun un journal en anglais et de le partager avec elle. Ce type de journal est un carnet que les élèves partagent entre eux et dans lequel ils écrivent à tour de rôle. La plupart des élèves ont abandonné au bout d'environ deux semaines, mais comme je voulais à tout prix partir étudier à Hawaï, je me suis appliqué à écrire dans mon journal tous les jours, même lorsque je me suis retrouvé le seul à le faire. Même l'écriture de cette enseignante était magnifique et elle effectuait ses corrections à l'encre fuchsia. Je vérifiais minutieusement mes fautes, et je continuais à écrire. Grâce à cela, mes notes en anglais se sont beaucoup améliorées.

Pendant ma troisième année de collège, j'ai eu un autre professeur d'anglais, mais je lui ai demandé si je pouvais continuer à tenir mon journal. Grâce à mes notes d'anglais, j'ai pu entrer dans un lycée un peu au-dessus de mon niveau général !

Nous connaissons tous des jours sombres

Malheureusement, le portail du lycée fut pour moi synonyme de l'entrée en enfer. J'avais du mal à étudier et ma vie sociale s'est retrouvée dans une impasse. C'était un lycée privé et je n'y ai retrouvé aucun de mes anciens camarades. J'ai sombré dans une période sombre et morose de grande solitude. Les garçons se passionnaient pour le base-ball, le football et les comédies télévisées, et de leur côté les filles discutaient de maquillage et de mode, ou parlaient allègrement des garçons. Au collège, j'avais pu me joindre au groupe des filles, mais là, c'était différent. Les garçons étaient des garçons et les filles étaient des filles – la séparation était claire et nette. Comme je ne me sentais ni l'un ni l'autre, je n'avais nulle part où aller. Pendant les récréations, j'étais tout seul. Il n'y avait personne dans ma classe que je pouvais considérer comme un(e) ami(e).

Comme j'avais peur que quelqu'un s'aperçoive que j'étais homosexuel, je ne parlais à personne. Mais je ne voulais pas non plus que mes camarades de classe pensent que j'étais un raté, aussi, à chaque pause déjeuner, je quittais la classe comme si j'avais quelque chose d'important à faire, puis je déambulais dans le bâtiment de l'école.

Je me suis mis à détester aller au lycée et j'arrivais toujours en retard. Mais si vous n'aviez pas d'excuse légitime pour votre retard, les profs se mettaient en colère. J'ai commencé à aller quémander des justificatifs officiels que les gares japonaises fournissent lorsque les trains sont en retard. Je voulais juste passer le moins de temps possible au lycée, alors chaque jour je priais pour que mon train ait du retard. J'ai même sérieusement pensé à prendre deux bordereaux justificatifs le 13 du mois et à changer la date de l'un d'eux pour le 18.

Les enseignants portaient tous leurs efforts sur la réussite des élèves afin qu'ils entrent dans de bonnes universités. Ils étaient donc très stricts avec nous et nous demandaient d'étudier dix heures par jour. Les élèves étaient constamment focalisés sur les examens d'entrée, et lorsque nous étions en cours de dessin, ils se moquaient de moi en me voyant concentré sur mes dessins. Comme il n'y avait pas d'examen à passer dans les matières artistiques pour entrer à l'université, pourquoi les travailler ? Ils préféraient bavarder pour tuer le temps.

Remontez le temps pour découvrir qui vous êtes vraiment

En grandissant, mon identité et ma personnalité ont été perturbées par les valeurs et les attentes de la société. Je crois que lorsque nous sommes adultes, les qualités que nous avons acquises ne représentent pas l'essence de qui nous sommes vraiment : notre âme. Je crois que c'est quand on est jeune qu'on est le plus authentique, c'est pourquoi remonter dans notre enfance peut nous aider à nous rappeler qui nous sommes. Je vous invite à remonter le temps…

1. Demandez à vos parents et à vos amis de longue date quel genre d'enfant vous étiez.

2. Si vous en avez la possibilité, retournez dans le quartier où vous avez grandi et essayez de vous rappeler ce que vous ressentiez à l'époque. Retournez voir votre ancienne école maternelle, le terrain de jeux où vous jouiez ou d'autres endroits que vous fréquentiez.

3. Regardez des photos de vous quand vous étiez enfant.

4 Rappelez-vous des jeux auxquels vous aimiez jouer et essayez de vous souvenir pourquoi vous y preniez tellement de plaisir.

Comme je l'ai dit précédemment, j'aimais jouer à la poupée – j'adorais voir comment mes poupées semblaient avoir des personnalités différentes selon la façon dont je les habillais. J'aimais aussi m'habiller avec de jolies robes, essayer différentes matières et accessoires, car cela me donnait l'impression de devenir une personne différente. Il y avait aussi d'autres choses que j'aimais faire, comme dessiner des personnages, inventer des histoires et créer mes propres comédies musicales. Je me rends compte que j'ai toujours été quelqu'un qui aime créer des choses, exprimer des identités différentes et raconter des histoires. Je crois que ces qualités ont vraiment déterminé qui je suis aujourd'hui, et cela me confirme que je peux être encore plus performant quand je suis conscient de ce que j'aime faire. Alors, n'oubliez pas cela et essayez de remonter le temps vous aussi pour retrouver votre personnalité authentique. Je pense que l'enfant que vous avez été peut vous encourager à être pleinement vous-même !

Le professeur était surpris par mes dessins et un jour il m'a dit : « C'est toi qui as fait ça ! », et ce fut le plus beau des compliments. J'étais fier et je lui ai répondu : « Oui, et je peux faire encore mieux ! » Je lui ai demandé d'autres exercices à faire et j'ai continué à dessiner en dehors des cours. Malheureusement, le cours de dessin n'a duré qu'un an, le programme de la deuxième année étant axé sur les matières qui seraient évaluées pour l'entrée à l'université. J'étais triste. J'avais le sentiment que ce que j'aimais faire et ce pour quoi j'étais doué n'avait aucune valeur ; de plus, je ne comprenais pas pourquoi nous étions restreints à étudier uniquement les matières qui seraient prises en compte lors des examens.

Il n'y a rien de mal à prendre du plaisir à faire ce que l'on aime.

La souffrance fait partie du voyage, pas de la destination

Je ne vais pas vous mentir, mes années de scolarité ont été éprouvantes et solitaires, mais je pense qu'elles ont contribué à préparer le terrain pour que je devienne la personne que je suis aujourd'hui. J'ai appris à connaître la souffrance non pas en lisant sur le sujet, mais en l'expérimentant réellement.

Le bouddhisme reconnaît la souffrance comme faisant partie du chemin de la vie et décrit huit souffrances fondamentales.

Parmi celles-ci, on trouve la souffrance de la naissance, la souffrance liée au vieillissement, la souffrance de la maladie et de la mort, qu'en tant qu'êtres humains nous ne pouvons éviter. Puis il y a la souffrance d'être séparés de nos êtres chers, la souffrance d'être confrontés à des personnes ou des situations que l'on déteste (ce qui était mon cas au lycée), la souffrance de ne pas pouvoir obtenir ce que l'on désire (ce qui était encore mon cas au lycée), et la souffrance liée aux cinq aspects qui constituent notre corps et notre esprit : le physique, l'émotionnel, les sens, le psychisme et la conscience.

Donc le simple fait d'être en vie est synonyme de souffrance ! Même quand je suis devenu adulte, que je me suis senti mieux dans ma peau et que j'ai réussi à travailler comme artiste maquilleur aux États-Unis, la souffrance a continué à faire partie de ma vie. À l'époque où je n'avais pas de travail en tant qu'artiste maquilleur, je souffrais en me disant : *Je ne suis pas assez talentueux ou compétent*. Puis, quand j'ai commencé à travailler, je me disais : *Il faut que je m'améliore et que je devienne encore plus performant*. Et quand je suis devenu très pris par mon travail, je me demandais : *Pourquoi est-ce que je travaille autant ?* Je trouvais que mon activité était trop prenante et je rêvais de pouvoir faire une pause. Il est très facile de regarder notre vie et de ne voir que ce qui ne va pas ou ce qui nous fait souffrir.

Beaucoup d'entre nous ne peuvent s'empêcher de ruminer, de porter des jugements et se retrouvent prisonniers de la souffrance. Nous pouvons y remédier en changeant notre façon de voir les choses. Cela peut impliquer de remettre en question notre façon de penser et de regarder les situations dans lesquelles nous nous trouvons ; et à d'autres moments, cela peut nous demander d'aller de l'avant et de trouver quelqu'un qui nous comprend et nous suggère des alternatives.

Recherchez votre vraie famille

Un jour où nous étions en train de nettoyer la salle de classe (ce qui fait partie de la vie scolaire des élèves japonais), je me tenais devant le tableau noir et je me préparais à rentrer à la maison, quand j'ai entendu l'un des élèves parler dans mon dos. « Lui là, Nishimura, il est homo, non ? » À cet instant, mon sang s'est glacé. Je me suis dit : *C'est fichu. On ne se fréquente même pas tous les deux, donc je suppose que ça se voit.*

J'ai fait comme si je n'avais rien entendu. J'ai fait tout mon possible pour paraître indifférent, mais à l'intérieur de moi, j'étais comme un de ces sacs de rangement sous vide que l'on utilise avec un aspirateur pour comprimer les couettes. C'était comme si on me vidait de mon air et que je devenais de plus en plus petit. Quelle attitude allais-je adopter quand je reviendrais en cours le lendemain ?

En fait, en me traitant d'homo, il n'avait fait que dire la vérité. Mais à l'époque, je n'avais pas la force d'affirmer : « Oui, c'est vrai. Je suis homosexuel. » J'avais peur, alors je me suis tu. Je me sentais écrasé par une société qui semblait n'accorder aucune considération à la communauté LGBTQ+.

« Que ton cœur soit
un flambeau. Suis-le
où il te conduit. »

Mahāyāna Mahāparinirvāna Sūtra

Même si un million de personnes pensent que quelque chose est juste, il est possible qu'elles aient toutes tort. Vous êtes peut-être la seule personne sur un million qui sait vraiment ce qui est juste.

Finalement, c'est un cours d'anglais et un forum gay en ligne qui m'ont sauvé d'un monde sans amis et sans couleurs. Quand j'ai dit à mes parents que j'aimerais aller étudier aux États-Unis, ils ont répondu : « Tout sauf ça. » Et ils ont ajouté : « Vu tes notes scolaires, comment pourrais-tu passer les examens en anglais ? » Mais arrêter les études, c'était comme baisser les bras, et ça, je ne le voulais pas non plus. J'avais l'impression d'être coincé de tous les côtés, sans aucune possibilité de résoudre mes problèmes. C'est l'anglais que j'avais appris qui m'a sauvé. Pendant mes années de lycée, j'avais trouvé un forum gay anglophone sur Internet où je pouvais être moi-même. C'était un espace où les jeunes dans la même situation que moi se retrouvaient. C'était le seul endroit où je pouvais partager ouvertement ce que je ressentais vraiment, mais exclusivement en anglais !

Les membres du forum vivaient dans des pays différents, comme la Grèce, le Portugal, la Russie, les Pays-Bas, la Chine, les États-Unis, Porto Rico et l'Uruguay, et nous étions tous des adolescents. Nous discutions et partagions les préoccupations de la communauté LGBTQ+, et nous nous soutenions mutuellement : « Mes parents m'ont dit que c'était mal d'être gay » ;

« Quand quelqu'un te demande de quelle fille tu es amoureux, tu lui réponds quoi ? ». Sans ce forum, je ne sais pas comment j'aurais survécu à ces trois années de lycée. Il m'a permis de me sentir écouté. Pour discuter, j'utilisais un dictionnaire sans lequel je n'aurais pas été capable d'échanger avec qui que ce soit. C'était un outil vital pour moi. J'aurais eu du mal à me faire des amis si j'avais dit que le mot *friend* devrait être orthographié *frend* !

J'ai aussi beaucoup pratiqué l'anglais oralement. Comme je ne fréquentais pas les clubs de nuit et que je n'avais pas d'amis avec qui passer du temps après les cours, j'ai décidé d'aller prendre des cours de conversation pour améliorer mon anglais. C'était tellement stimulant et enrichissant de discuter avec des professeurs qui venaient du monde entier. J'ai pu discuter des Destiny's Child avec un professeur américain, et j'ai appris à connaître le peuple maori avec une Néo-Zélandaise. J'ai compris qu'il y avait tout un monde à découvrir, où les enseignants n'attendaient pas de moi que j'étudie dix heures par jour et où personne ne m'exclurait parce que j'aimais dessiner.

Ma routine quotidienne consistait à aller au lycée, à suivre les cours d'anglais, à rentrer à la maison et à aller sur le forum gay en ligne. J'écoutais aussi beaucoup de musique, comme Mariah Carey, Beyoncé, Michael Jackson, Janet Jackson, et bien d'autres. Je chantais en même temps que je lisais les paroles, ce qui m'a permis de commencer à comprendre les messages de sensibilisation contre la discrimination et la stigmatisation liées au sexisme et au racisme. Peu de chanteurs japonais abordaient ce sujet dans leurs chansons. Naturellement, mes résultats en anglais au lycée s'en sont ressentis et sont devenus excellents.

Étant passionné d'art, j'ai pensé à intégrer une école d'art une fois que j'aurais obtenu mon baccalauréat. Je me suis inscrit à un cours d'art plastique en dehors du lycée pour m'y préparer, mais je ne n'ai pu que constater avec étonnement que les autres élèves étaient bien meilleurs que moi dans la réalisation de croquis. L'examen d'entrée dans les écoles d'art au Japon consistait principalement à faire des croquis de modèles vivants. Mais l'idée de devoir les dessiner pendant des heures durant me donnait le tournis et je me suis demandé : *Pourquoi dessiner des sujets réels alors que je pourrais tout aussi bien les prendre en photo ? Quel est l'intérêt de faire de l'art qui ne transmet pas de message ?* Cette approche n'avait pas de sens pour moi. J'avais envie d'utiliser mon imagination et ma créativité. Je me suis rendu compte que tout ce travail d'esquisse pour réussir l'examen d'entrée n'était pas pour moi et j'ai abandonné l'idée d'intégrer une école d'art au Japon.

La seule chose qui me restait était ma maîtrise de l'anglais. Au collège, mon objectif était de poursuivre mes études à Hawaï, j'ai donc décidé de partir là-bas pour y étudier l'art en anglais. Je suis entré dans une « boîte à bac » où je me suis focalisé sur mon anglais. Le conseiller scolaire m'a dit que si je voulais étudier l'art, le mieux serait que j'aille à New York. Je me suis dit que c'était une ville qui semblait pleine d'opportunités et où je pourrais me sentir accepté. Je me suis souvenu de certains films comme *Chorus Line* et *Le Roi lion*, et je rêvais d'aller voir des comédies musicales. *Peut-être pourrais-je me faire des amis là-bas ? Peut-être que je ne m'y sentirais pas autant exclu ?* me suis-je dit. Ces pensées sont devenues de plus en plus insistantes jusqu'à ce que je décide de quitter le Japon pour les États-Unis avec des étincelles dans les yeux.

Ne vous attendez pas à ce que quelque chose change si *vous* ne changez pas

Mon école au Japon avait des contacts qui aidaient les étudiants qui souhaitaient étudier à l'étranger, et l'une des écoles affiliées se trouvait à Boston. C'est donc là-bas que j'ai commencé mes études. Il m'avait été suggéré d'étudier à Boston pendant deux ans, puis de m'inscrire dans une autre école ailleurs. Le conseiller m'avait expliqué qu'il serait plus facile de me transférer à New York si j'étais dans un État proche.

Je pensais qu'en allant aux États-Unis, tout allait changer. Mais la réalité fut totalement différente. J'avais espéré trouver un endroit où je pourrais être moi-même, mais en fait, je n'ai pas réussi à me faire facilement des amis américains. Je me suis mis à me comparer aux autres. Beaucoup de personnes étaient bien plus grandes en taille que moi, avec de jolis visages, et je me suis senti inférieur. À l'époque, mes critères de beauté étaient déterminés par la grandeur des yeux et la taille d'une personne et je me percevais moi-même à travers le prisme de l'esthétique japonaise. J'étais également timide, ce qui me dissuadait de parler aux gens, rejetant la cause de mon mal-être et de ma solitude sur mon origine japonaise. Je me disais : *Même ici, je ne suis pas accepté*, et cela m'a profondément déprimé.

Puis un jour, j'ai lu une nouvelle incroyable. Riyo Mori, la représentante du Japon au concours de Miss Univers 2007, avait remporté la victoire. *Comment une vraie Japonaise a-t-elle pu gagner un concours de beauté de renommée mondiale ?* me suis-je demandé. *Les Japonais peuvent donc être acceptés dans le monde entier ?!* J'étais abasourdi. À partir de ce moment-là, je n'ai pas arrêté de penser à Riyo, et quand je suis retourné au Japon, j'ai trouvé un livre qui racontait son succès. Au début, j'ai hésité à acheter un livre qui s'adressait aux femmes pour leur apprendre à être belles. J'avais l'impression d'acheter un magazine érotique, mais j'étais prêt à toutes les humiliations. En m'approchant de la caisse, je craignais que l'employé se rende compte que j'étais homosexuel ou qu'un ami du collège m'aperçoive et me demande pourquoi j'achetais un tel livre. Eh bien, en fait il ne s'est rien passé. J'ai lu le livre en trois heures et il a changé ma vie !

Beaucoup de choses dans ce livre ont profondément résonné en moi, comme ce passage : « Peut-être pensez-vous que pour être considérée comme une belle femme, vous devez avoir des yeux bleus, des cheveux blonds et de longues jambes, mais ce n'est pas forcément le cas. La plupart des Japonaises ont des cheveux brillants, une peau lisse et des corps jeunes et sveltes, et sont considérées comme de très belles femmes ailleurs dans le monde. » Ou celui-ci qui explique que : « Les yeux bridés peuvent être mis en valeur avec de l'eye-liner et du mascara, cela permet de créer un effet de profondeur qui souligne la beauté sereine des Asiatiques. » Ou encore : « L'humilité des Japonais, leur capacité à faire preuve de prévenance et de diligence sont des diamants bruts que les gens d'autres pays ont du mal à égaler. » Tout cela me donnait l'espoir que je puisse un jour me sentir beau !

À l'université de Boston, il y avait beaucoup d'étudiants danseurs. Les filles étaient grandes et minces, avaient les yeux bleus, de magnifiques postures, et même vêtues d'un simple sweat-shirt elles étaient magnifiques. *Ces filles sont les véritables modèles des princesses Disney,* m'étais-je dit. Mais même si c'était mon idéal de beauté à l'époque, je me suis rendu compte que je ne voyais la beauté que du point de vue de la société, qui avait tendance à idéaliser les modèles occidentaux.

Ce n'était pas le fait d'être japonais qui avait empêché que je sois accepté. Mais si ce n'était pas ça, alors quoi ? Pourquoi avais-je nourri cette croyance ?

Nous avons tous des croyances qui nous freinent : quelles sont les vôtres ?

Remettez vos croyances en question

Au Japon, je pensais qu'une personne homosexuelle ne pourrait jamais être acceptée. Et aux États-Unis, je faisais un complexe d'infériorité à cause de mes yeux bridés, de mon eczéma et de mes jambes courtes. Mais ensuite Riyo Mori est apparue. Cela m'a profondément interrogé. Je me suis rendu compte que j'avais fait fausse route. Petit à petit, ma conception de la normalité a commencé à changer.

À peu près à la même époque, j'ai visité une église dans le centre de Boston où il y avait un groupe pour les jeunes LGBTQ+. C'est là que je me suis fait mes premiers amis homosexuels hors ligne. C'était assez étrange pour moi d'entrer dans une église, car je n'étais pas familier avec cette religion, mais cela n'avait pas d'importance. J'ai discuté avec un gars dont la famille venait de la Barbade. Il m'a expliqué que l'homosexualité n'était pas bien acceptée dans les îles des Caraïbes et qu'il n'avait pas pu parler à sa famille. Même si j'ai appris que les jeunes Américains étaient beaucoup plus ouverts, j'avais encore du mal à faire mon coming out. J'ai aussi découvert qu'il existait des cas graves de discrimination dans d'autres parties du monde, encore pires qu'au Japon.

À l'université, comme j'avais peur que les autres étudiants découvrent que j'étais homosexuel, j'essayais d'éviter leur compagnie le plus possible. J'ai cependant rencontré une fille qui s'appelait Eri avec laquelle j'ai bien accroché. Nous sommes devenus très proches et nous discutions tous les jours pendant deux ou trois heures, nous confiant mutuellement sur les aléas de la vie en résidence universitaire. Chaque week-end, il y avait des soirées bruyantes et le bâtiment tremblait à cause du bruit des basses. Les responsables de la résidence étaient deux jeunes hommes qui, au lieu de surveiller ces soirées pour empêcher que tous ces jeunes mineurs s'alcoolisent, les organisaient eux-mêmes. Eri et moi étions contrariés, et tout d'un coup, nous nous sommes dit : « Et si nous partions d'ici et partagions un studio ensemble ? »

Même si je ne suis pas attiré par les femmes, je suis un homme et je porte un nom masculin, aussi je me suis demandé : *Peut-être que les parents d'Eri vont s'inquiéter qu'elle partage un studio avec un homme ? Il faut que je lui dise que je suis gay*. J'ai toujours détesté quand les choses ne sont pas faites correctement. Avant toute chose, je devais m'assurer que ses parents ne se fassent pas de souci.

J'ai donc décidé de révéler mon homosexualité pour la première fois à Eri. Je me demandais quand lui annoncer et mon cœur battait la chamade pendant nos longues conversations téléphoniques, mes mains étaient tremblantes et froides. Puis, un soir, alors que je sentais qu'elle était en train de s'endormir, je me suis dit : *C'est le moment !* Je me suis lancé : « Eri, j'aimerais que tu dises à tes parents de ne pas s'inquiéter si on partage un studio ensemble, parce que je suis homosexuel. »

Mais elle a juste répondu avec son ton de voix habituel : « OK, je vois. Bonne nuit. »

Quelle douche froide ! Le lendemain, je craignais même qu'elle ait oublié, j'ai voulu vérifier : « Ce que je t'ai dit hier soir… » Mais, bien sûr, elle s'en souvenait ! Mon secret étant dévoilé, je me suis senti complètement revigoré. Vous ne pouvez pas imaginer à quel point j'étais heureux que cela n'ait absolument pas affecté notre amitié.

Une fois que vous avez fait le premier pas, le reste devient plus facile

La première fois que je suis parti en vacances à l'étranger, loin de mes parents, j'avais choisi l'Espagne comme destination et organisé mon voyage tout seul. Étant un grand fan du groupe de pop japonaise *Perfume,* durant mes trois années de lycée, j'étais souvent sur un site dédié aux admirateurs de ce groupe, créé par un webmaster qui vivait à Barcelone. J'ai donc décidé d'aller là-bas pour le rencontrer.

J'ai été surpris de le voir arriver avec une dizaine d'amis et je me suis retrouvé à partager un repas avec ces Espagnols fans de ces chanteuses de pop japonaises. L'un d'entre eux était son ex-petit ami qui était accompagné de son petit ami actuel. C'était étrange ! Le lendemain, ils m'ont emmené visiter des sites célèbres comme la Sagrada Família et le parc Güell. C'est là que j'ai fait la connaissance du couple qui allait changer ma vie : Chechi et son compagnon Kami. Ils sont encore aujourd'hui deux de mes amis les plus précieux. Dès que nous nous sommes rencontrés, nous nous sommes assemblés comme les pièces d'un puzzle. Nous avons beaucoup ri en nous racontant des blagues gays et nous avons parlé de mode et des hommes.

La rencontre avec Chechi et Kami a complètement transformé mon état d'esprit et le merveilleux pays qu'est l'Espagne a balayé mes anciennes façons de penser. (À propos, *Chechi* est un surnom pour Sergio, et *Kami* pour Roger.) Ils étaient comme moi, aussi je n'avais rien besoin de leur cacher. Jusque-là, je n'avais jamais eu d'amis avec qui je pouvais m'amuser et partager toutes sortes de choses. Je n'arrivais pas à croire qu'il y avait des gens sur cette terre avec qui je pouvais m'entendre aussi bien ! Ce fut pour moi un véritable bouleversement.

Chechi et Kami étaient gays, mais leur façon de vivre leur orientation sexuelle était totalement différente de la mienne. Ils se tenaient la main dans la rue et s'embrassaient en public. Au début, j'avais peur qu'ils se fassent agresser par quelqu'un, mais rien de grave n'est jamais arrivé. Lorsque j'ai dû quitter l'Espagne, j'ai pleuré comme un bébé – vous avez sûrement déjà ressenti la douleur de devoir vous séparer de personnes que vous aimez ?

« Hâte-toi de faire le bien,
retiens ton esprit loin
du mal.
Quand tu es lent à faire
le bien, ton esprit joue
avec le mal. »

Dhammapada, 166

C'était comme si je perdais les personnes les plus précieuses de ma vie, des personnes avec lesquelles je pouvais être complètement authentique pour la première fois. Dans l'avion, des inconnus m'ont même demandé à plusieurs reprises si j'allais bien.

L'Espagne m'a tellement manqué que j'ai décidé d'y retourner pendant les vacances d'hiver. Cette fois, je suis resté chez Chechi dans sa maison familiale. Un jour, Chechi et Kami m'ont dit: « Comme tu n'es jamais allé dans un club gay, on pourrait y aller ce week-end. On rentrera demain matin. »

J'étais vraiment inquiet. Comment Chechi allait-il le dire à ses parents ? Mais il est allé droit au but et a dit à sa mère : « Ce soir, on va dans un club gay. On reviendra demain. »

Sa mère a dit : « Attends une minute ! »

Je me suis dit : *Oh non, elle va nous empêcher d'y aller !* Peut-être acceptait-elle les homosexuels, mais pas l'idée que des jeunes de 18 ans aillent dans un club gay et ne reviennent que le lendemain. Elle était dans la cuisine et elle est revenue avec des sandwichs au jambon emballés dans du papier aluminium. Je suis resté abasourdi et sans voix. La mère de Chechi savait que son fils était gay, et non seulement elle laissait le petit ami de son fils et moi-même rester chez elle, mais maintenant elle nous préparait quelque chose à manger à emporter dans un club gay ! « Amusez-vous bien au club et à demain », nous a-t-elle dit en nous tendant les baguettes. « *¡Buenas noches!* » C'était juste *incroyable* !

Jusque-là, le fait d'être homosexuel était pour moi un secret que je devais préserver à tout prix. Et je n'étais pas le seul, sur les forums gays, beaucoup de garçons disaient ne pas pouvoir le dire à leurs parents et gardaient leurs inquiétudes pour eux. Il leur était impossible de dire qu'ils étaient attirés par d'autres garçons. Et pourtant, il y avait un monde que je n'avais jamais imaginé, où être gay était considéré comme quelque chose de normal ! *Serait-il possible que je puisse moi aussi avoir une relation comme celle-là avec mes parents ?* me suis-je demandé. Je me suis mis à espérer.

Donc ce soir-là, Chechi et Kami m'ont tout d'abord emmené dans un bar gay pour boire un verre. Lorsque nous sommes entrés, j'étais très nerveux ; mon cœur battait la chamade et mes mains étaient froides. J'aurais eu besoin de quelques instants pour me préparer à entrer, mais mes amis n'ont pas voulu m'attendre. Ils sont entrés dans le bar comme s'ils allaient au cinéma. À l'intérieur, j'ai vu des hommes en vêtements sexy qui observaient avec un regard perçant tous les gars qui se trouvaient là en les scrutant de haut en bas. Je me suis senti très gêné et je me suis tourné vers mon ami webmaster qui nous avait rejoints. Comme c'est un gars plutôt sérieux et calme, je me demandais s'il apprécierait ce genre de scène, mais il était parfaitement à l'aise.

« Ici, je peux me détendre », m'a-t-il dit. Se détendre ? Tout le monde se scrutait, en quoi cela pouvait-il être apaisant ? D'autres amis nous ont bientôt rejoints et j'ai commencé à me sentir un peu plus à l'aise. C'était un univers dont j'ignorais tout ; un monde où chacun était totalement libre de s'exprimer tel qu'il était.

Nous sommes ensuite allés dans une grande boîte de nuit gay. Je m'étais maintenant habitué à cette ambiance et j'ai pris beaucoup de plaisir à danser avec mes amis pour la première fois ! C'est aussi là que j'ai consommé mon premier verre d'alcool. (J'avais 18 ans. Au Japon, l'âge légal pour consommer de l'alcool est 20 ans, et 21 ans aux États-Unis.) Dans la boîte de nuit, beaucoup d'homosexuels exprimaient ouvertement leur désir, et j'ai été stupéfait par la façon dont ils se manifestaient publiquement leur affection. Jusqu'à ce jour, je n'avais jamais rencontré autant de gays ailleurs que sur Internet. À 6 heures du matin, toutes les lumières se sont allumées et c'était comme si la magie s'était soudainement rompue pour laisser place à la réalité.

Sur le chemin du retour chez Chechi, j'ai pu admirer le lever du soleil et sentir l'air qui se réchauffait doucement. Mes amis parlaient tous entre eux en espagnol, mais cela ne m'a pas empêché de me sentir très proche d'eux. Ils venaient de pays différents dont les cultures et les langues étaient différentes ; ils avaient une couleur de cheveux et une structure corporelle différentes des miennes – mais ces différences n'avaient aucune importance. J'avais trouvé ma famille ; je me sentais enfin à ma place.

Préparez-vous à exprimer ouvertement qui vous êtes

Après avoir obtenu mon diplôme à l'université de Boston, j'ai été admis à la Parsons School of Design de New York. Ce qui m'a donné encore plus de courage, c'est la Marche des fiertés de la ville de New York (également connue comme la Gay Pride). Les personnes LGBTQ+ et des touristes du monde entier se rendent à New York pour participer à ce défilé… Ils sont entre deux et quatre millions ! Le cortège remplit les rues de Manhattan de foules vêtues de couleurs vives qui soutiennent les personnes LGBTQ+. L'année où j'y ai participé, les entreprises GAP et Apple étaient également présentes, ce qui a été une énorme surprise pour moi. J'ai appris que le PDG d'Apple, Tim Cook, était ouvertement gay. Les gens vont-ils continuer à nier les droits des LGBTQ+ tout en utilisant des produits fabriqués par une entreprise dont le PDG est homosexuel ?

Mais ce qui m'a le plus touché, c'est la participation de Disney : qui défilait avec un grand panneau sur lequel était écrit : « Nous célébrons toutes les communautés », et distribuait des autocollants aux couleurs de l'arc-en-ciel en forme de Mickey. J'étais très touché en me disant que même mes princesses Disney préférées, Belle et Ariel, me soutenaient. *Si Disney promeut les droits des LGBTQ+, de quoi pourrais-je avoir peur ? Même si certaines personnes ne sont pas d'accord concernant les droits LGBTQ+, il y a certainement des membres de leur famille qui aiment Disney, ou qui aiment chanter « Let It Go », la chanson de La Reine des neiges,* me suis-je dit.

J'avais été tellement persuadé qu'aimer les garçons était quelque chose de honteux, mais là, partout autour de moi, il y avait une multitude de gens qui me soutenaient. Des entreprises célèbres étaient venues encourager les LGBTQ+, il n'y avait donc rien à cacher. Je savais désormais que je n'étais pas un bon à rien et j'ai acquis la conviction de ma valeur.

À la Parsons School of Design, le directeur du département des beaux-arts était gay et son mari y enseignait également. Les étudiants acceptaient cela comme quelque chose de normal et beaucoup d'entre eux arboraient eux-mêmes leur propre style ouvertement. Certains avaient les cheveux roses et bleus et portaient du vernis à ongles noir, d'autres des leggings vert fluo sans sous-vêtements, des piercings au nez, des chaussures de claquettes ou des talons aiguilles violets. Il y avait même un professeur qui portait des bretelles SM. Il y avait aussi un gars que je trouvais séduisant et qui plus tard s'est proclamé « elle » et a commencé sa transition. Certaines enseignantes étaient lesbiennes. Petit à petit, mon état d'esprit et ma façon de penser ont changé. Il me fallait donc passer à la vitesse supérieure !

À force de voir toutes ces personnes être vraiment elles-mêmes, je me suis dit : *Alors, où est le problème si je me maquille et si je montre ouvertement que je suis gay ?* J'ai arrêté de cacher mon homosexualité et ma vie est devenue beaucoup plus facile, pour mon plus grand bonheur. Quand je suis devenu assistant d'un artiste maquilleur et que j'ai commencé à fréquenter l'équipe, ils m'ont encouragé à sortir maquillé. Nous sommes allés faire du shopping ensemble et ils m'ont choisi des boucles d'oreilles et des chaussures à talons hauts. Même si je n'étais pas à l'aise de m'exposer dans ces tenues, j'étais tellement heureux de porter ce que j'aimais vraiment. C'était comme si j'étais enfin devenu la princesse que je voulais être quand j'étais enfant. Au début, quand je sortais de chez moi, mon cœur battait la chamade et je baissais les yeux pour éviter de faire face à quelqu'un dans l'immeuble. Mais dans la rue, certaines personnes m'interpellaient : « Beau boulot, t'assures ! » ; « Tu t'es pomponné, dis donc, t'es magnifique ! » ou « Quelle *énergie* ! ». J'étais tellement fier de moi !

Pourtant, il y avait toujours une espèce de toile d'araignée au-dessus de ma tête que je n'arrivais pas à enlever : révéler mon homosexualité à mes parents. J'étais terrifié à l'idée qu'ils puissent être déçus et que je ne pourrais peut-être plus jamais rentrer chez moi. Je n'arrivais pas encore à trouver le courage de le leur dire.

Dans le groupe de jeunes gays de l'église de Boston, j'ai rencontré un jeune Mexicain qui avait été rejeté par ses parents après leur avoir annoncé qu'il était homosexuel, à la suite de quoi il était venu aux États-Unis en tant que réfugié. C'était un garçon adorable avec une petite moustache naissante. Je me suis dit que la même chose pouvait m'arriver tout en ayant le sentiment que si je me taisais, rien ne changerait. Je me sentais piégé. Parler à mes parents était le seul moyen de me libérer complètement. Mon désir de liberté a fini par l'emporter sur ma peur d'être rejeté et abandonné.

Permettez-vous enfin de respirer.

Quand j'ai déménagé à New York, j'ai trouvé un compagnon. C'était un musicien très doué avec un cœur magnifique. Nous nous sommes rencontrés sur Internet et dès le premier jour, j'ai eu l'impression de le connaître depuis des années. Nous passions souvent du temps ensemble et je ressentais vraiment de l'amour pour lui. Nous jouions souvent au jeu des questions-réponses de Miss Univers. Pendant que nous regardions l'émission, je faisais « pause » chaque fois qu'une question était posée à une candidate et je lui demandais de répondre à sa place. Un jour, la question était : « Si vous étiez un aliment, quel serait-il ? » Il a répondu : « Je serais du miel, je suis doux, naturel et impérissable. » Mon cœur a littéralement fondu !

Je me suis dit que j'aimerais beaucoup le présenter à mes parents et que ce serait une bonne occasion de leur parler. À mon retour au Japon, j'ai donc décidé de mettre mon avenir en jeu et de leur révéler mon orientation sexuelle.

Je l'ai d'abord dit à ma mère. Je cherchais le bon moment où nous serions seuls. Quand j'ai commencé à lui parler, mes mains sont devenues froides et ma respiration s'est accélérée. Je me suis lancé : « La prochaine fois que tu viens à New York, je voudrais te présenter quelqu'un. On est ensemble depuis environ quatre ans maintenant, et en fait c'est un homme. »

J'attendais fébrilement sa réaction. Elle m'a dit : « Depuis que tu es petit, tu as toujours dit que tu n'aimais pas la compagnie des garçons. Je m'en doutais, ça explique tout. »

J'ignorais complètement que pendant ma première année de collège, ma mère s'était rendue dans une clinique de santé mentale pour savoir si j'étais transgenre. Le médecin lui avait dit : « On ne peut pas le diagnostiquer avant ses 18 ans. » Il semble donc qu'elle avait entretenu cette incertitude durant tout ce temps.

Quand j'ai parlé à mon père, il m'a seulement dit : « Je vois. Fais ce que tu veux, c'est ta vie. » Il ne m'a semblé ni contrarié ni heureux. Comme à son habitude, il est resté calme et réservé. J'ignorais s'il s'en doutait déjà, mais il n'a pas manifesté de réaction particulière. Mon père a toujours eu l'attitude suivante: « C'est ta vie, Kodo, alors vis-la comme tu veux. » Quand je me suis retrouvé à des tournants importants de ma vie, comme mon départ pour les États-Unis, je suis sûr qu'il s'est inquiété pour moi, mais il a toujours soutenu mes choix. Quand je lui ai annoncé que j'étais homosexuel, j'ai vraiment senti qu'il voulait mon bonheur. Je me suis senti béni d'avoir des parents qui me soutenaient. Je suis conscient que les choses ne se passent pas toujours de façon aussi simple pour tout le monde, aussi quand il s'agit d'annoncer votre homosexualité à vos amis et votre famille, faites ce qui vous semble être le plus juste.

J'avais réussi à surmonter un obstacle majeur et découvert que mes parents m'acceptaient comme je suis. Le poids qui pesait sur mon cœur a soudainement disparu. Je ne plaisante pas. Je suis passé du paléolithique au XXe siècle à la vitesse de la lumière. C'était comme dans *Le Magicien d'Oz,* le passage d'un monde gris à un monde aux couleurs arc-en-ciel. Mon corps et mon âme étaient légers comme des plumes et j'avais l'impression que si je sautais, je me mettrais à voler ! J'étais rempli de bulles de lumière scintillantes !

J'avais trouvé des amis à qui je n'avais rien à cacher et avec qui je pouvais rire et plaisanter librement. Et j'avais les alliés ultimes: des parents qui m'acceptaient pour ce que j'étais.

Je pouvais être moi-même et ne rien dissimuler. À 24 ans, j'ai vécu la naissance du vrai Kodo Nishimura, et ce n'était pas un relooking !

Ma vie avait enfin officiellement commencé.

Être sincère avec soi-même est synonyme de liberté.

Le Noble Sentier octuple

Où que vous vous trouviez sur le chemin de votre vie – que vous en soyez encore à faire les premiers pas pour partager avec d'autres personnes votre véritable identité, ou que vous soyez déjà bien avancé sur la voie que vous souhaitez suivre –, certains enseignements bouddhistes, simples mais très puissants, peuvent vous aider à vous orienter. Ils font partie du Noble Sentier octuple, la voie qui mène à la cessation de la souffrance, et nous aident à surmonter nos désirs et nos comportements autodestructeurs. Ils sont les suivants :

- La vision juste
- La pensée juste
- La parole juste
- L'action juste
- Les moyens d'existence justes
- L'effort juste
- L'attention juste
- La concentration juste

La vision juste signifie voir les choses telles qu'elles sont, sans préjugés. Comme vous le savez, je me sentais autrefois mal dans ma peau à cause de mon origine asiatique. Puis, un jour, j'ai trouvé un livre de photographies de différentes tribus du monde. Il y avait des photos d'enfants qui portaient les vêtements traditionnels de leurs cultures respectives. Une tribu asiatique avait des yeux fins et un corps trapu, tandis qu'une tribu africaine avait des jambes plus longues et la peau foncée. J'ai compris qu'il était absurde de qualifier différentes ethnies comme supérieures ou inférieures. Nous sommes simplement issus de tribus et de groupes ethniques différents, et il est stupide de les comparer. En feuilletant ce livre, j'ai découvert la beauté de toutes les particularités de mes semblables.

C'est à ce moment-là que j'ai senti ce qu'était une vision juste. Cette vision n'était pas influencée par ce que disaient les médias et je voyais les gens comme des humains qui avaient tous la même valeur. Je vous invite à faire la même chose: observez la diversité des peuples de ce monde.

Ce n'est ni votre taille, ni la couleur de votre peau ou la forme de votre visage qui déterminent votre beauté. C'est la manière dont vous exprimez le mieux qui vous êtes qui vous fait rayonner.

Un jour, j'ai vu un top model qui portait une tenue violet fluo qui ne lui allait pas, puis peu après j'ai vu une femme âgée qui portait une robe couleur corail qui lui seyait à merveille. Honnêtement, je trouvais que la femme d'âge mûr était beaucoup plus ravissante. Il ne suffit pas d'être jeune et d'avoir un corps aux belles proportions. L'expression artistique nous donne à tous de l'espoir et le pouvoir de rayonner !

La pensée juste signifie prendre des décisions de façon posée et sans colère. Ma mère m'a dit un jour : « Ne t'emporte pas contre les gens qui ne sont pas capables de faire quelque chose. » Laissez-moi vous expliquer. Lorsque quelqu'un n'est pas aussi professionnel que je le souhaiterais, il m'arrive de me mettre en colère. Mais la perfection absolue n'existe pas et si quelqu'un était capable de faire mon travail aussi bien que moi, je serais facilement remplaçable. J'ai fini par comprendre que l'imperfection était naturelle et qu'il était stupide d'attendre de nous-mêmes et des autres que nous soyons parfaits. Il y a beaucoup de choses que je suis incapable de faire – comme vous le savez ! – et je ne voudrais pas que les gens présument le contraire. En comprenant cela, je peux aborder les gens calmement, je me sens plus détendu et je peux atteindre mes objectifs tranquillement, sans m'énerver.

La parole juste implique de ne pas dire du mal des autres et de ne pas mentir. J'ai honte de dire que par le passé, j'ai passé beaucoup de temps à créer des chansons parodiques qui se moquaient des petits défauts de mes amis. Je les enregistrais et les envoyais à d'autres amis. Oui, je sais, c'est horrible. Mais lorsqu'un jour je me suis aperçu que l'une des personnes dont je m'étais moqué était quelqu'un de très gentil, j'ai rougi de honte et regretté ce que j'avais fait.

Il est essentiel de voir les autres sans préjugés et de parler d'eux avec respect.

L'action juste désigne un ensemble de bons comportements, comme ne pas tuer, ne pas voler et ne pas tricher. Par exemple, si je fais tomber une frite par terre, je vais la ramasser. Je pourrais choisir d'être paresseux et de ne pas le faire, mais comment est-ce que je me sentirais après ? Faire des choses qui me donnent le sentiment d'être quelqu'un de bien me permet de m'aimer davantage. En revanche, si je triche, même si personne d'autre ne le remarque, moi, je le sais ! Je suis pleinement conscient de pratiquement tout ce que je fais, c'est pourquoi je fais en sorte de vivre d'une manière qui m'aide à aimer la personne que je suis.

Cette leçon est essentielle pour moi, car même s'il m'arrive de manquer de confiance dans mon apparence physique ou dans mes compétences, je peux quand même me comporter d'une façon qui me permet de m'aimer.

Les moyens d'existence justes consistent à adopter un mode de vie qui ne nuit ni aux autres, ni à soi-même. Quand j'étais plus jeune, j'étais entouré de personnes insatisfaites qui me traitaient avec peu de respect. J'étais constamment contrarié et j'ai fini par transmettre cette négativité à ma famille et mes amis. Quand j'ai appris à me respecter moi-même, à trouver le courage de dire non et à agir quand il le fallait, j'ai alors connu le bonheur. Mieux encore, j'ai commencé à partager les enseignements bouddhistes, à défendre l'égalité des droits pour tous et à maquiller les autres, ce qui m'a rendu encore plus heureux !

L'effort juste signifie faire son possible pour mener une vie équilibrée. Cette leçon est très importante pour moi, car je suis très mauvais dans ce domaine. J'aime me coucher tôt et faire de l'exercice physique le matin. Mais comme je suis perfectionniste et que j'aime repousser mes limites, j'aime aussi me coucher tard et parfois travailler jusqu'à l'aube. Cependant, chaque fois que je fais cela, le lendemain, je me sens épuisé et improductif. J'essaie donc de maintenir une bonne hygiène de vie, sans quoi je risque de tomber malade. J'ai appris qu'il est important de maintenir un bon équilibre pour soutenir ma créativité. En ayant un rythme de vie harmonieux, je peux mieux me concentrer sur ce que je fais sans être perturbé. Cependant, c'est pour moi un combat permanent et je dois donc sans cesse me rappeler à l'ordre.

L'attention juste naît lorsque nous intégrons les leçons de la vie et que nous devenons attentifs à la façon dont nous la vivons. Les choses peuvent parfois prendre une tournure bizarre et je peux facilement me retrouver affecté par ce qui se passe autour de moi. Il est alors essentiel que je me parle à moi-même. J'aime poser mes pensées par écrit et méditer sur ce que je ressens. Quand je comprends la raison de mes préoccupations ou de ma colère, mon agitation disparaît. Un ami m'a dit un jour: « Une fois que tu as tiré la leçon d'une expérience passée douloureuse, la douleur disparaît. » Comme vous le savez, j'étais autrefois très en colère contre les personnes qui m'humiliaient à cause de mon orientation sexuelle, puis j'ai pris conscience que cela venait de leur propre ignorance. Ces expériences m'ont permis d'être plus fort et de persévérer sur ma voie. Aujourd'hui, je prends même la parole pour défendre les autres. Je n'aime pas être humilié, mais je suis heureux d'avoir vécu ces épreuves car elles m'ont permis de donner davantage de sens à ma vie. En comprenant ce qui s'était passé, j'ai pu transformer cette colère en gratitude.

La concentration juste consiste à méditer correctement, ce qui peut nous aider à garder un bon état d'esprit. Quand une grande opportunité se présente, par exemple pour le concours de Miss Univers, où mes compétences d'artiste maquilleur étaient très demandées, je médite toujours avant. Dans ce cas, par exemple, je me suis visualisé en train de rentrer dans ma chambre d'hôtel en me sentant très heureux, reconnaissant de l'opportunité qui m'avait été offerte et d'avoir pu réaliser mon rêve, et reconnaissant d'être en vie. La méditation m'aide non seulement à être dans la gratitude pour ce que la vie m'offre, mais aussi à préparer l'avenir.

En étant présent mentalement, vous atteindrez les meilleurs résultats – comme vous les aviez visualisés au préalable.

Tout changement demande un investissement

Comme je l'ai mentionné précédemment, je suis rentré au Japon à l'âge de 24 ans pour suivre une formation pour devenir moine. Je ne sentais pas le besoin de révéler mon homosexualité aux autres apprentis moines, aussi j'ai gardé le silence, craignant qu'ils se moquent de moi.

Écrivez-vous des petits mots

De temps en temps, j'écris des petits mots à mon « moi futur », comme : « Bienvenue à la maison, tu as accompli ton projet avec succès, je te félicite ! » Quand je reviens chez moi, je suis extrêmement heureux que tout se soit bien passé, comme je l'avais écrit ! Mais vous ne pouvez pas simplement prier, méditer et visualiser les choses sans agir. Je pense que cet exercice ne peut être efficace que si vous vous êtes suffisamment investi au préalable et que vous vous préoccupez un tant soit peu du résultat. Être accueilli par un petit mot après une journée difficile est pour moi un vrai plaisir.

1. Pensez à quelque chose d'important que vous devez faire.

2. Écrivez-vous un petit mot de félicitations comme si vous l'aviez déjà accompli !

3. Déposez ce mot dans un endroit où vous le trouverez plus tard.

4. Lorsque vous revenez chez vous et que vous lisez ce mot, comment vous sentez-vous ? Méditez sur la journée que vous venez de passer.

Pendant la formation, les femmes et les hommes étaient séparés. Je me suis demandé: *Sommes-nous séparés pour éviter toute tentation entre les deux sexes? Et moi dans tout ça?* Personne ne semblait prendre en compte mon orientation sexuelle. La formation était extrêmement stricte. Le seul moment où nous pouvions nous détendre était lors du bain collectif où tout le monde baissait la garde. Me retrouver à me baigner avec quatre-vingt-dix personnes était pour moi un moment très embarrassant et faisait remonter des mauvais souvenirs du temps où j'étais au lycée. Un jour, alors que j'étais en train de mettre mon caleçon, un autre apprenti moine, un gars aussi bruyant qu'un bébé Godzilla, s'est approché et s'est subitement adressé à moi: «Hé! Quand je t'ai vu la première fois, j'ai cru que tu étais homo.»

Nous n'étions pas seuls et tout le monde était nu. *Pourquoi parle-t-il de ça? Et pourquoi ici et maintenant?* me suis-je demandé. J'ai ressenti à ce moment-là exactement la même chose que quand cet élève au lycée avait dit: «Lui là, Nishimura, il est homo, non?»

Mais, pendant que je réfléchissais à ce que je devais faire, j'ai compris que si cette fois je ne disais pas la vérité, je ne serais en rien différent de ce lycéen qui était resté figé devant le tableau noir. Je devais changer, là, tout de suite. Des scènes heureuses que j'avais vécues ont défilé devant moi: mes amis espagnols, la Marche des fiertés avec les responsables d'entreprises LGBTQ+ qui se dévoilaient ouvertement, l'autocollant arc-en-ciel de Mickey, et la multitude de personnes qui y participaient... ils étaient tous à mes côtés, et même si les autres se mettaient à m'humilier, je n'avais rien à me reprocher. Si je ne changeais pas de posture, cela signifierait que j'étais d'accord avec l'idée que l'homosexualité est quelque chose de honteux. Je m'étais tu pour éviter d'être humilié au lycée, mais étais-je la même personne maintenant ? Si je ne changeais pas, qui le ferait ? Le Japon n'était pas prêt à changer. C'était maintenant ou jamais... J'ai pris une profonde inspiration, je l'ai retenue, j'ai rassemblé mon courage et j'ai répondu. « Oui, je le suis. »

Le gars est resté stupéfait. Puis il s'est mis à me poser des questions très indiscrètes, comme : « Ça veut dire que tu as des relations sexuelles anales ? » Je ne voulais pas répondre à ce genre de questions qui, indépendamment de ma sexualité, était du harcèlement sexuel.

Puis un ami l'a interrompu en lui disant : « Kodo travaille comme artiste maquilleur à New York, il a même maquillé Miss Univers. Tu le savais ? »

Quand le gars a entendu ça, il s'est retrouvé encore plus abasourdi. Quoi qu'il en soit, il s'est tu. J'ai remis ma robe d'apprenti et je suis sorti. En me dirigeant vers le dortoir, j'ai entendu quelqu'un qui marchait derrière moi. « Bonne chance à New York ! », c'était mon harceleur. Je pensais qu'il était mon ennemi, mais voilà qu'il m'encourageait ! Comment cela était-il possible ?

J'ai compris qu'en ayant été sûr de moi et en ayant eu le courage de lui répondre honnêtement, cela lui avait permis de changer d'attitude. J'étais tellement fier que mon assurance ait pu faire changer d'avis quelqu'un. Je pense que si j'avais eu le moindre doute ou sentiment de honte, les choses auraient pu être bien différentes. Je m'étais affirmé, non seulement pour moi, mais aussi pour les personnes qui souffrent de situations similaires. Il fallait que je les défende. Plutôt que de ne penser qu'à moi, je les ai incluses et cela m'a aidé. Faire quelque chose pour les autres est une motivation formidable.

Restez fidèle à votre chemin

Il est dans la culture japonaise de savoir « lire l'air » – comme comprendre les microexpressions sur un visage ou ressentir une atmosphère –, aussi quand j'ai déménagé aux États-Unis, je n'avais pas l'habitude d'exprimer tout haut ce que je pensais ou ressentais. Au début, je présumais que les gens comprenaient ce que je voulais dire sans que je parle, mais comme ce n'était pas le cas je me suis renfrogné. Mais au bout du compte, c'est moi qui y ai perdu. J'ai dû apprendre à verbaliser mes pensées et mes ressentis et cela m'a ouvert beaucoup de perspectives.

Si vous voulez vous aimer, vous devez poser des limites pour vous protéger. Vous serez souvent confronté à des situations où vous devrez exprimer clairement ce que vous n'aimez pas.

Vivre à l'étranger m'a obligé de m'ouvrir aux autres et, avec le temps, j'ai réussi à mieux communiquer mes pensées et ressentis au lieu de me focaliser sur les faits. Par exemple, quand j'ai travaillé en tant qu'artiste maquilleur à Los Angeles, la chef d'équipe me confiait régulièrement des tâches, comme les courses ou le ménage, qui n'avaient rien à voir avec ma fonction principale. Je me disais: *Je n'ai pas signé pour ça*, et je me sentais de plus en plus exaspéré. J'avais l'impression que mes compétences professionnelles étaient négligées et cela me rendait malheureux.

Cependant, précisément parce que je voulais travailler dans un état d'esprit positif, plutôt que de me renfrogner, j'ai décidé de m'exprimer franchement: « J'aime vraiment cette équipe, je me dois donc d'être honnête pour maintenir une ambiance saine et heureuse pour nous tous. Dernièrement, vous m'avez demandé de remplir des tâches supplémentaires sans aucun rapport avec mon métier; je me sens triste et déçu parce que j'ai le sentiment que mon temps et mes compétences ne sont pas respectés. » Vous remarquerez que je n'ai pas dit: « Pourquoi est-ce que je dois faire les courses et le ménage? Je démissionne! » J'ai préféré mettre l'accent sur le fait que j'aimais les autres et que je voulais que tout le monde soit heureux, et j'ai également expliqué ce que je ressentais. En effet, si la chef d'équipe pouvait justifier ce qu'elle m'avait demandé de faire, elle ne pouvait cependant pas nier ce que je ressentais.

Elle s'est immédiatement excusée et j'ai senti que j'avais gagné son respect. Cette approche à la fois ferme et constructive a permis d'accroître ma valeur au sein de l'équipe. Donc, si vous souhaitez vous plaindre de quelque chose, assurez-vous de souligner: « Je respecte l'équipe, donc je dois être honnête pour le bien de tous. » Puis expliquez ce que vous ressentez, car vos sentiments ne peuvent être niés.

« Une personne qui
me juge sur ma couleur
ou mes formes est
habitée par la convoitise
et le désir, elle ignore qui
je suis vraiment. »

Udānavarga, 22, 12

Voici une autre façon de communiquer un sentiment que vous avez du mal à exprimer. Un jour, une amie que j'aimais beaucoup m'a invité à manger. Mais elle avait aussi invité quelqu'un avec qui je ne m'entendais pas. Je lui ai donc dit franchement: « Merci, tu sais que je t'aime beaucoup, mais je me sens mal à l'aise en compagnie de cette personne. Une autre fois, si on est que tous les deux, ça me fera très plaisir de venir, parce que je me sens proche de toi et je sais qu'on peut discuter ensemble en toute sincérité. » Si j'avais été à sa place, je me serais dit: *C'est un ami précieux et je ne veux pas le mettre mal à l'aise. Je suis reconnaissante pour sa franchise.* J'apprécie énormément les personnes qui partagent franchement leurs sentiments. Lorsque vous déclinez une offre, veillez à faire preuve de respect envers les autres, et faites-leur savoir que vous attachez de l'importance à leurs valeurs.

Mais il arrive bien sûr, malgré toute ma bonne volonté, que je ne parvienne pas à faire passer mon message et que la relation s'en trouve altérée. En effet, même si mon souhait profond est que nous puissions tous nous comprendre, il est impossible de s'entendre avec tout le monde. J'essaie de ne jamais l'oublier. Mais lorsque cela se produit, je me dis que le temps est venu de mettre fin à cette relation et de passer à autre chose.

Personne n'a envie de dire des choses désagréables, et c'est particulièrement vrai lorsque l'autre personne compte beaucoup pour vous. Une fois que vous en êtes conscient, vous pouvez formuler ce qui vous déplaît de manière positive, et même en faire une occasion de gagner le respect des autres.

Chaque personne réagit différemment à un même événement. Nous avons tort d'attendre de quelqu'un qu'il réagisse d'une manière spécifique.

Les choses qui ont tendance à vous préoccuper, celles que les gens vous disent et qui vous attristent, ou encore celles qui vous mettent soudainement en colère ou qui vous exaspèrent sont autant de déclencheurs émotionnels. Identifiez-les et essayez de les analyser. Une fois que vous aurez compris comment ils s'activent, vous pourrez trouver un moyen de gérer et apaiser ces émotions négatives.

Par exemple, autrefois, lorsque j'envoyais un message à quelqu'un et que la personne ne me répondait pas rapidement, cela me contrariait. J'avais l'impression d'être délaissé ou d'être considéré comme sans importance, ce qui n'était pas forcément le cas. Chacun fait les choses à sa manière et certaines personnes préfèrent communiquer face à face. Il m'est arrivé de sortir avec un ami qui ne consultait jamais son téléphone et ne répondait donc à personne pendant qu'il était avec moi. Cela ne signifiait pas pour autant qu'il ignorait les gens qui cherchaient à le joindre. Il m'a fallu comprendre que ce qui est normal pour moi ne l'est pas forcément pour l'autre. J'ai apprivoisé mes déclencheurs émotionnels. Il me suffit d'observer et de comprendre la façon dont les autres pensent et vivent.

Trouvez le « juste milieu »

Lorsque nous partons à la découverte du monde, éprouver de la souffrance et rencontrer des personnes qui ne sont pas d'accord avec nous, tout comme nous pouvons ne pas être d'accord avec elles, fait partie intégrante de la vie. Nous ne pouvons que faire tout notre possible pour rester fidèles à nous-mêmes tout en évitant les extrêmes et les jugements. Siddhârta Gautama, dans sa propre quête, a passé six ans dans la forêt en se privant de nourriture, puis il comprit que ce régime extrême ne lui permettrait pas d'atteindre l'Illumination. Il a déclaré que nous ne pouvons pas atteindre l'Éveil en poursuivant nos désirs. Il a également affirmé que la meilleure voie à suivre est le juste équilibre dans notre vie ordinaire.

J'ai expliqué plus haut que j'aimais veiller tard la nuit pour travailler sur des projets, parfois jusqu'à en avoir le tournis. Cependant, je suis conscient que rester éveillé si tard ne participe pas à une vie saine et équilibrée et que si je persiste dans ce sens, mon rythme de vie peut se retrouver complètement chamboulé et je risque de tomber malade. Alors je me dis : *Choisis la voie du milieu ! Travailler excessivement peut devenir autodestructeur, alors va te coucher et tu continueras demain !* Je pense que s'il est important de dépasser nos limites pour évoluer, un équilibre est cependant nécessaire.

Tout excès nous empêche de voir la beauté.

Célébrons la diversité

Nous ne sommes pas voués à être tous pareils, alors pourquoi essayer de ressembler à quelqu'un d'autre ? Célébrons-nous nous-mêmes et les uns les autres pour nos différences. Je trouve que c'est formidable quand les gens cherchent à favoriser la diversité, en respectant le genre, la race, la religion, l'âge, etc. Le fait que des personnes aient des compétences différentes permet à toute une équipe d'être plus performante et tout le monde y gagne. N'est-ce pas là un modèle de société idéal ?

Cependant, la réalité est que les préjugés et la discrimination se cachent toujours sous la surface. J'entends souvent des hommes dire des choses comme : « Elle a des avis trop arrêtés et un franc-parler excessif pour une femme », ou « Elle mène les hommes par le bout du nez ». Et j'entends aussi des femmes qui parlent des hommes en disant : « C'est parce que les hommes sont simples d'esprit », ou « Il faut que les hommes se montrent plus virils ». Ils disent ce genre de choses comme si c'était parfaitement normal, mais comme je comprends aussi bien les sentiments des hommes que ceux des femmes, cela me contrarie. Je suis confronté quotidiennement à beaucoup de situations où j'ai envie de dire : « Oh, mais ça, c'est un préjugé ! », mais peu de gens semblent le remarquer. Le sexe biologique ne définit pas qui nous sommes, ni la façon dont nous désirons vivre notre vie.

Bien que je me définisse comme étant plutôt féminin, je n'ai pas un corps de femme. J'ai cependant eu une magnifique occasion d'en apprendre davantage sur le corps des femmes lorsque j'ai été invité à participer à un événement au Japon, « Let's talk ! », organisé par le Fonds des Nations unies pour la population (UNFPA). J'ai pu voir des documentaires qui m'ont permis de découvrir le cycle menstruel. J'ai ensuite interrogé des amies et ma famille à ce sujet et j'ai appris que, même si c'est une expérience que les femmes vivent tous les mois, ce n'est pas toujours facile, et qu'elles apprécient la compréhension et l'aide qu'on peut leur apporter pendant cette période. J'ai même fait l'expérience de porter une serviette hygiénique et j'ai senti combien cela pouvait être inconfortable. Je suis sorti de ma zone de confort et cela m'a permis d'avoir une tout autre perspective sur la façon dont je peux aider les autres, et donc me sentir plus utile. Aujourd'hui, je crois que je peux servir de relais pour encourager les hommes à s'informer sur les menstruations afin de dissiper les préjugés qu'ils peuvent avoir sur ce sujet.

Si mon registre familial stipule que je suis de sexe masculin, je suis pourtant très doué pour le maquillage et je pourrais vous montrer comment marcher élégamment avec des talons hauts. Quel que soit le sexe d'une personne, celle-ci ne devrait pas être cataloguée parce qu'on estime qu'elle devrait se comporter de telle ou telle manière ; ni se voir imposer un modèle auquel elle devrait correspondre. De même, personne ne devrait se voir manquer de respect en étant classé dans un groupe spécifique. Pour moi, une société diversifiée est une société qui reconnaît chacune de nos caractéristiques particulières, et qui respecte et valorise l'histoire individuelle et les qualités uniques de chacun.

Au Japon, on entend dire : « Un bon Japonais se doit de connaître les caractères chinois », ou « Un bon Japonais doit se comporter comme un adulte ». Je pense que ce genre de phrases manquent de considération envers certains Japonais. En effet, certains ont grandi au Brésil et ne parlent pas le japonais et d'autres ont plus de 18 ans, mais n'ont jamais appris à lire. Que peuvent-ils ressentir en entendant de telles affirmations ?

Pourquoi vouloir que les gens se comportent d'une manière particulière en fonction de leur sexe, de leur race ou de leur nationalité ? – des caractéristiques facilement visibles. Même si nous avons une apparence physique similaire, cela ne signifie pas que nous pensons de la même façon. Certains pourraient se dire en voyant une femme transgenre qu'elle aime forcément les hommes. Mais une femme transgenre est juste une femme transgenre ; comment pourrait-on savoir qui elle aime en se basant uniquement sur son apparence ?

Ce n'est pas parce que nous partageons les mêmes goûts musicaux que cela signifie que nous devons tous danser ensemble.

3

Nous sommes tous égaux

3

Nous sommes tous égaux

Ouvrez votre cœur et célébrez le fait que nous sommes tous égaux et précieux, tels que nous sommes.

Dans le bouddhisme, il existe un principe fondamental appelé « coproduction conditionnée » selon lequel tout a sa raison d'être. Rien n'existe de manière isolée ; toute chose a des répercussions et provoque une réaction en chaîne. Nous sommes donc pris dans un cercle de causes et d'effets. Il peut être difficile de trouver sa place dans tout cela, de reconnaître nos préjugés cachés et la façon dont ils peuvent affecter les autres.

Nous pouvons, par exemple, avoir tendance à blâmer les gens pour leurs actions ou leurs opinions. Prenons le cas d'une personne qui discrimine les LGBTQ+. Ce n'est pas par volonté de haïr quelqu'un sans raison. Peut-être cette personne a-t-elle grandi entourée de personnes étroites d'esprit ; peut-être a-t-elle été élevée dans un cadre culturel ou religieux hostile aux personnes LGBTQ+ ; ou peut-être est-elle mal dans sa peau et veut-elle rendre quelqu'un d'autre responsable de son mal-être.

Nous pouvons considérer qu'une personne est responsable de ses opinions – ce qui est pertinent jusqu'à un certain point –, mais nous devons pousser notre réflexion plus loin : qu'est-ce qui pousse les gens à la haine, et qu'est-ce qui fait qu'ils ont des idées différentes ? Je pense que c'est la façon la plus intelligente de gérer nos réactions et d'éviter la colère. Lorsque nous comprenons le passé d'une personne et les circonstances qu'elle a vécues, il est plus facile de communiquer avec elle. Comme l'a dit Michelle Obama : « J'ai appris qu'il est plus difficile de haïr de près », aussi intéressons-nous davantage aux causes qu'aux effets. En découvrant l'origine de certaines pensées, nous pourrons mieux nous comprendre les uns les autres.

Je voudrais partager avec vous certaines choses que j'ai essayé de cacher de mon mieux. Je voudrais vous en parler pour que nous soyons sur un pied d'égalité :

- Je suis issu d'une famille privilégiée
- Je suis quelqu'un de très critique
- J'ai eu beaucoup de mal à parler de mes désirs sexuels

Vous ne pourrez être vraiment vous-même que si vous faites face à ce que vous avez le plus évité.

J'ai caché mon orientation sexuelle, mais aussi mes privilèges

Je viens d'une famille aisée, surtout si on la compare à celles des personnes avec lesquelles j'ai grandi ou que j'ai côtoyées. Ma famille dirige un temple et possède des propriétés qu'elle loue, et mon père était un professeur d'université très bien rémunéré, nous n'avons donc jamais connu de difficultés financières. J'ai pu faire des études dans une université aux États-Unis, ce qui coûte très cher. Je n'ai jamais eu à travailler ou à faire quelque chose dont je n'avais pas envie pour gagner de l'argent. Cela m'a d'ailleurs valu d'être jalousé par les autres, et c'est pourquoi je ne voulais pas parler ouvertement de ma situation financière.

Quand j'étais à New York, j'ai connu une fille qui m'a dit qu'elle mangeait souvent des pâtes pour survivre et qu'elle cumulait trois emplois pour essayer de réaliser ses rêves. J'ai aussi eu un ami qui s'est soudainement détourné de moi parce que j'avais mentionné mon voyage à Disney World. Il m'a dit qu'il travaillait comme un fou et qu'il n'avait jamais eu le luxe de visiter Disney World ou de manger dans des restaurants chics. Et puis il y avait un gars plus âgé qui nous reprochait, à mes amis et moi, d'être des fainéants parce que nos études universitaires étaient payées par nos parents. Il nous racontait les difficultés qu'il avait rencontrées, obligé de travailler sans répit et même de demander de l'aide à des amis pour pouvoir se nourrir.

En grandissant, j'ai souffert de la solitude, mais je ne voulais pas m'isoler davantage sous prétexte que certaines personnes pensaient que j'avais la vie facile. Je faisais en sorte de ne pas m'habiller mieux que les autres pour ne pas me démarquer ou être envié par eux. Je trouvais toujours une raison de me rabaisser pour ne pas susciter une attention indésirable ou la jalousie et me retrouver à nouveau isolé. Je ne voulais pas paraître trop parfait, trop en bonne santé ou trop heureux. Je me couchais tard et je m'abîmais la santé pour ne pas avoir l'air en pleine forme. À mesure que je suis devenu plus connu et que j'ai réussi grâce à mon travail, mon besoin de me cacher n'a fait que se renforcer.

J'ai commencé à me demander: *Comment peux-tu évoluer si tu continues à te dévaloriser?* J'ai alors pris conscience que c'était justement le fait que je cache ma vraie nature en me disant que les autres avaient moins de chance que moi, qui faisait que certaines personnes m'en voulaient. Au cours d'une conversation avec un ami, j'ai compris que c'était en faisant preuve de transparence que je pourrais entrer en contact avec davantage de personnes. En me montrant heureux d'être privilégié, je pouvais permettre aux autres de regarder vers le haut et trouver de l'espoir. En ne cachant plus ma vraie nature, je pouvais accomplir davantage de choses.

J'ai également vu l'autre facette du privilège: mon travail d'artiste maquilleur m'a permis d'évoluer dans un milieu restreint où j'ai pu rencontrer des personnes extrêmement riches et belles. J'ai fait la connaissance d'une femme fortunée qui vivait à Manhattan dans un immense appartement recouvert de tapis moelleux et rempli de fleurs. Elle avait des aides qui s'occupaient d'elle, mais j'ai ressenti chez elle un profond sentiment de solitude et de frustration d'être négligée par ses enfants. J'ai également rencontré une superbe mannequin qui pleurait pendant qu'elle se faisait maquiller, expliquant qu'elle était dans une relation abusive. J'ai appris qu'argent et beauté ne sont pas synonymes de bonheur.

Le bonheur est comme une douce brise. Si vous sortez de chez vous, vous le trouverez partout – mais si vous restez à l'intérieur, vous risquez de passer à côté et vous n'aurez pas la joie de sentir son souffle.

Laissez tomber les jugements

Je suis quelqu'un de très critique. Cela vous surprend ? Je suis un maître quand il s'agit de trouver des défauts. Je peux voir la moindre mèche de cheveux mal positionnée et si vos ongles sont bien coupés ; je peux repérer les petits plis sur les vêtements et même savoir comment vous vous sentez en observant vos microexpressions. En fait, je peux même dire si la maison d'une personne est propre ou non par la façon dont cette dernière se comporte !

Voici un autre aspect de moi que je voulais cacher après être devenu connu publiquement (j'étais vraiment quelqu'un d'horrible, c'est sûr) : j'adorais les jours de tempête, car les autres semblaient les détester et je me réjouissais de les voir contrariés.

J'ai vécu un véritable enfer pendant de nombreuses années à cause de mon homosexualité et de mon eczéma, si bien que j'en étais venu à détester toute personne hétérosexuelle qui avait la peau claire. Je me sentais laid et grassouillet, et je détestais me regarder dans le miroir ou me voir en photo. À cause de la forme de mes yeux, je ne souriais jamais, car j'avais l'impression que ça me rendait encore pus laid. Ma colère accentuait davantage mes démangeaisons, ce qui me rendait encore plus malheureux et désespéré.

Au lycée, je m'isolais pratiquement tout le temps en classe et je trouvais toujours quelque chose à redire sur les autres, je me disais : *Ce gars a vraiment une horrible coupe de cheveux ; le maquillage de cette fille est complètement raté, elle n'a même pas pris le temps de se préparer pour être présentable ce matin ; ils sont tous bêtes ici, c'est désespérant.* Même aux États-Unis où j'avais pu me faire quelques amis, je me moquais souvent d'eux en faisant le genre de chansons parodiques dont j'ai parlé plus tôt. Je jugeais les gens en fonction de leur style, de leurs traits physiques, de leur âge, de leur éducation, de leur milieu, de leur savoir-vivre et de toutes sortes de choses – j'excellais à trouver en un clin d'œil les imperfections des autres. Je me moquais même de l'odeur de leur savon bon marché, ou de ceux qui avaient du mal à réussir.

J'étais tellement en colère à cause de mon homosexualité et de ne pas me sentir accepté par les autres que j'en étais venu à refuser qu'ils soient heureux et s'épanouissent. Pendant des années, j'ai été une personne vicieuse, méchante et haineuse.

« Celui qui frappe trouve
un homme qui frappe ;
l'ennemi trouve l'hostilité ;
l'agresseur trouve
la victime ; et le coléreux
trouve le coléreux. »

Udānavarga, 14, 3

Il m'arrive encore parfois de ressentir ce genre de sentiments, mais lorsqu'on est capable de repérer les défauts des autres en un clin d'œil, on l'est tout autant vis-à-vis de soi-même. Il y avait tant de choses que je détestais chez moi, mais j'ai pris conscience que je ne pourrais jamais m'aimer tant que je continuerais à critiquer les autres. Lorsque j'ai décidé de m'aimer, j'ai compris que haïr les autres ne servait absolument à rien.

Ce que vous faites aux autres vous revient directement.

Aujourd'hui, je vais beaucoup, beaucoup mieux. Quand j'y repense, les choses ont changé après ma rencontre avec des personnes comme Chechi et Kami qui m'ont accepté tel que j'étais, et après avoir pu finalement révéler mon homosexualité à mes parents.

Si le désir sexuel n'existait pas, les humains disparaîtraient

Comme vous le savez, pendant de nombreuses années, je n'ai pas voulu manifester mon intérêt pour les autres hommes. Je ne voulais pas que les gens pensent que j'étais bizarre ou pervers. Ce fut encore plus difficile pendant ma formation pour devenir moine, à cause des préceptes bouddhistes, je ne voulais pas que les autres novices sachent que j'étais homosexuel. Mais je ne suis qu'un être humain. J'ai évidemment des désirs sexuels et aujourd'hui, je suis déterminé à ne pas en avoir honte. Je ressens également de la colère, de la jalousie et d'autres émotions pénibles.

Au Japon, les moines peuvent se marier et avoir des enfants, contrairement à la Thaïlande où ils doivent rester célibataires. Toutefois, si l'on contient trop ses désirs, cela peut avoir des répercussions négatives. Un jour, j'ai vu un documentaire sur un groupe de moines thaïlandais qui avaient agressé sexuellement des nonnes, et un spécialiste en sexologie m'a expliqué que chez certaines personnes, le désir sexuel était incontrôlable, et qu'il n'était donc pas sain de le contenir de force. Par ailleurs, je suis également tout à fait conscient que les MST et le VIH peuvent être transmis par des pratiques sexuelles à risque répétées. Je pense qu'il est juste de faire les choses avec modération, comme la consommation d'alcool. (À ce propos, chers amis, informez-vous sur les rapports sexuels protégés ; en particulier sur la PrEP, une pilule qui peut être prise tous les jours, ou avant et après les rapports sexuels, et qui permet de prévenir l'infection par le VIH à 99 %. À savoir que le taux d'infection par le VIH est plus élevé chez les hommes homosexuels, aussi agissons tous ensemble pour soutenir la communauté.)

Alors suis-je quelqu'un de sage et en paix avec moi-même ? Absolument pas ! Lorsque j'ai fait ma première apparition dans les médias, j'ai eu l'impression de faire semblant d'être parfaitement sûr de moi, et je me suis senti comme un imposteur. En ne nous permettant pas de ressentir nos émotions, nous nous empêchons d'expérimenter pleinement notre identité d'être humain. Je me suis demandé pourquoi je n'étais pas honnête avec mes ressentis. Pour plaire aux autres ? Le fait que je sois un moine me donnait l'impression d'être enfermé dans une cage.

Vous ne pourrez jamais rendre les gens heureux si vous ne l'êtes pas vous-même.

Puis j'ai relu les préceptes. Ils relataient plusieurs anecdotes où les moines n'étaient pas respectueux des femmes, les dénigrant ou profitant d'elles pour exercer leur pouvoir. Ces histoires ne disaient pas forcément que le désir sexuel était malsain, mais – pour simplifier un peu – qu'il était néfaste lorsque motivé par de mauvaises intentions conduisant à de mauvais comportements. Elles disaient également que le désir sexuel est sans fin, et qu'il empêche les gens de trouver la paix par la dépendance qu'il crée et la souffrance qu'il engendre. Je l'ai bien compris !

J'ai pris conscience qu'il n'y a rien de mal à éprouver de tels ressentis, et que le bouddhisme n'interdit pas ces émotions. Il stipule simplement qu'il est mauvais de manquer de respect aux autres, et que les désirs sexuels peuvent devenir grandissants au point de vous empêcher de trouver la paix intérieure. Un ami m'a fait part d'un dicton : « Un pécheur est plus proche des enseignements, car il peut vraiment en comprendre le sens. »

Lorsque j'ai compris cela, j'ai accepté de ressentir du désir et aujourd'hui, cela ne me dérange pas de parler de mon orientation sexuelle avec les autres. Je suis vivant, j'ai des désirs, et il n'y a rien de mal à cela. Si je décide de m'abstenir de quelque chose, ce n'est pas parce que c'est écrit dans les enseignements, mais parce que j'ai moi-même expérimenté ces leçons ; je sais que je n'apprendrai jamais rien si je ne l'ai pas vécu par moi-même. Aujourd'hui, je souhaite encourager les gens à ne pas réprimer leurs émotions, car cela peut s'avérer extrêmement stressant, au point de devenir agressif vis-à-vis des autres ou de perdre le goût de vivre.

Toujours est-il que je ne suis pas naturellement quelqu'un d'optimiste, et si j'ai pu me sortir de situations négatives, c'est parce que j'ai dépassé mes limitations. Comment aurais-je pu évoluer en cachant qui j'étais, en détestant les gens au point de me détester aussi moi-même et en refoulant mes émotions si profondément que j'avais l'impression de ne plus exister ? En me libérant de ces limitations, j'ai fini par apprécier ces enseignements par moi-même.

Pendant ma formation pour devenir moine, j'ai découvert cet étonnant précepte bouddhiste : « Mentir à son cœur est un péché. » Il n'y a pas si longtemps, je me mentais encore à moi-même, adhérant inconsciemment à ce que la société idéalisait. Aujourd'hui, je ne ressens plus de désir pour toutes ces choses que les autres semblent vouloir acquérir. Il me semble qu'être en accord avec son cœur est bien plus essentiel.

Je n'ai pas à avoir honte de me sentir bien ni d'avoir peur d'être honnête, car c'est ainsi que je peux inspirer les autres. La vérité est que même après avoir touché le fond, vous pouvez rebondir et vous sentir beau, en pleine santé et heureux. J'en suis la preuve vivante !

Les quatre nobles vérités

Il existe quatre vérités qui contiennent l'essence même de l'enseignement bouddhiste :

La vérité de dukkha : la souffrance fait partie de la vie. En tant qu'êtres humains, tant que nous aurons des désirs, il y aura toujours de la souffrance.

La vérité de l'origine de dukkha : il y a des raisons à cette souffrance ; celle-ci perdure à cause de nos désirs.

La vérité de la cessation de dukkha : si vous diminuez vos désirs et agissez de manière juste, vous serez libéré de la souffrance et vous atteindrez l'Éveil.

La vérité de la voie qui mène à la cessation de dukkha : le chemin pour atteindre l'Éveil est le Noble Sentier octuple (voir page 108).

Autrefois, je pensais que je devais être engagé dans une relation pour être heureux, et que si je ne me sentais pas beau et sûr de moi, je ne méritais pas d'être aimé. Je souffrais de ne pas avoir de petit ami et je m'en voulais. Je faisais tout mon possible pour être séduisant et sûr de moi, mais je ne parvenais jamais à être tel que je le voulais. Je pensais que le bonheur n'était pas pour moi.

Cependant, lorsque j'ai commencé à maquiller des magnifiques mannequins, j'ai compris que tout le monde était humain et que les personnes dotées d'une grande beauté physique n'étaient pas forcément heureuses. La beauté et la confiance en soi n'étant pas toujours synonymes de bonheur, c'était à moi de trouver mon bonheur. Cette prise de conscience a été possible parce que j'ai été capable de dépasser mes anciennes façons de penser. En rencontrant de nouvelles personnes et en me rendant dans de nouveaux endroits, j'ai commencé à voir les gens sans préjugés et à les percevoir tels qu'ils étaient vraiment.

Mettez de côté vos préjugés

Il est vraiment inapproprié de cataloguer les gens et de faire des suppositions concernant leur personnalité en se basant sur des catégories. Mais j'admets l'avoir souvent fait aussi.

« C'est parce que c'est un homme. »
« C'est parce qu'elle est asiatique. »
« C'est parce qu'ils sont gays. »
« C'est parce qu'elle est d'origine de (tel pays ou endroit). »
« C'est parce qu'il est riche. »
« C'est parce qu'ils ont de l'expérience. »
« C'est parce qu'il est célèbre. »

Au concours de Miss Univers, quand la représentante irakienne s'est présentée, j'ai été un peu surpris et mal à l'aise. Je ne connaissais pas bien le peuple irakien, mais je me suis souvenu du contexte religieux et de la guerre dans ce pays, et j'ai eu un peu peur de la rencontrer.

Mais elle a simplement déclaré : « Je suis venue participer à ce concours pour représenter les personnes qui appartiennent à différentes religions et cultures en Irak. Il y a des gens qui feraient tout pour obtenir la paix, et je suis leur voix. En prenant la parole, j'ai reçu de nombreux messages de menaces de la part de membres des forces d'opposition. Mais j'ai choisi de vivre ma vérité. Bien sûr, je ne veux pas mourir, mais je ne peux pas vivre en me mentant à moi-même. »

J'ai regretté mes préjugés erronés. Sa détermination m'a profondément inspiré et donné la force de vivre ma vérité avec courage et sincérité.

Il n'y a pas de « normalité »

Après avoir voyagé à l'étranger, j'ai eu une profonde prise de conscience : ma souffrance était due au fait que je n'avais vécu que selon les valeurs de l'endroit où j'avais grandi.

Quand j'étais au collège, il y avait une enseignante qui portait une culotte dont les marques étaient très visibles. Tous les élèves en parlaient. Et pourquoi cela était-il devenu un sujet de conversation ? Parce que tout le monde partageait une idée de ce qui était « normal », et dans ce cas, laisser voir la marque de sa culotte ne l'était pas – c'était embarrassant. La première fois que j'ai vu des femmes se faire bronzer seins nus sur la terrasse d'une salle de sport en Espagne, cela m'a choqué et je me suis dit : *Je croyais que ça ne se faisait que sur les plages nudistes !* Un jour de grande chaleur, l'un de mes amis a enlevé son T-shirt et porté son sac à dos sur son dos nu. J'étais le seul à marcher à côté de lui à me sentir gêné.

Lorsque vous prenez conscience que votre *normalité* n'est pas normale, vous vous libérez. Si un autre système de valeurs considère qu'il n'y a pas de mal à être vu nu, pourquoi faire toute une histoire à cause d'une marque de culotte visible ? En regardant les choses de cette façon, vous pourrez vous défaire de ce lien invisible, « C'est comme ça que ça doit être », qui vous retient. Vous vous sentirez assurément libéré ! C'est ainsi que, petit à petit, j'ai déconstruit mes anciennes habitudes.

Si vous vous trouvez dans une situation où vous vous dites : *Ce n'est pas normal*, interrogez-vous avant de critiquer. Lorsque vous imposez vos valeurs aux autres en leur disant : « C'est comme ça que ça doit être », vos présomptions vous entravent et vous vous emprisonnez vous-même. Lorsque vous dites à quelqu'un : « Voilà ce qui est normal ! », vous vous obligez vous-même à adhérer cette « normalité ».

La « normalité » n'est qu'une évaluation de votre expérience ; en côtoyant des gens du monde entier, vous vous rendrez compte qu'elle est multiple.

Ne déterminez pas votre propre chemin en fonction de la façon dont les autres pensent que les choses devraient être. Et n'imposez pas non plus aux autres votre opinion sur la façon dont vous pensez que les choses devraient être. Personne n'a à suivre la même voie que vous ou à être contraint de changer de direction, que ce soit un membre de votre famille, un partenaire amoureux ou un(e) ami(e).

Nous avons tous des vies différentes et il nous est impossible de comprendre ce que les autres pensent ou vivent vraiment. Ne présumez pas que vous pouvez les comprendre mieux qu'ils ne le font eux-mêmes, ou corriger leur trajectoire à leur place. Je vous donne un exemple : pendant longtemps, on m'a dit que je ne devais pas porter de pulls roses parce que j'étais un homme. Mais quand j'ai commencé à le faire, mon cœur s'est épanoui comme une fleur !

À moins d'ouvrir votre cœur, vous ne pourrez pas toucher celui des autres

Je crois que sans comprendre correctement quelque chose, on n'a pas le droit de le critiquer. C'est pourquoi j'ai suivi une formation pour devenir moine, je voulais découvrir le bouddhisme et ne pas passer mon temps à le critiquer.

Ayant grandi dans un temple, je me suis posé des questions depuis mon plus jeune âge. Quand j'étais petit, je me demandais pourquoi les gens priaient une poupée (la statue de Bouddha) en lui demandant de les conduire vers la Terre pure. Plus tard, je me suis demandé où se trouvait exactement cette Terre pure dans notre Univers, d'un point de vue scientifique. Un jour, j'ai demandé à mon père : « Qu'est-ce qu'il y a de si amusant à prier une statue en bois ? » Pendant mon enfance, je n'avais jamais envisagé de devenir un moine. Je ne voulais pas suivre le chemin qu'on attendait de moi. En plus, j'adorais avoir les cheveux longs... il était donc hors de question de me faire raser le crâne !

Et pourtant, alors que j'étudiais à la Parsons School of Design à New York, l'idée m'est venue de suivre une formation pour devenir moine. Une fois par mois, nous présentions et analysions ensemble le travail que nous avions réalisé en fonction des objectifs assignés. Ce mois-là, j'avais choisi de présenter une création inspirée de la culture japonaise, en me basant sur la technique de l'origami et sur mes huit années d'expérience en art floral. Je n'avais cependant aucune idée de comment réaliser un travail artistique qui puisse toucher les gens. Pour être honnête, je n'étais pas satisfait du résultat. En comparant mon travail à celui des autres membres de ce groupe international d'étudiants, je me suis rendu compte que je ne parvenais toujours pas à exprimer véritablement qui j'étais.

Dans notre classe, il y avait un garçon originaire de Corée du Sud. Il était calme, mais son travail artistique était criant de talent. Un jour, il nous a dit : « Je vais quitter l'école pendant deux ans pour faire mon service militaire. Quand je reviendrai, vous aurez tous obtenu votre diplôme, alors je vais vous dire au revoir maintenant. »

Plus tard, lors de notre dernière session de travail ensemble, il nous a présenté une petite prestation artistique. Il a revêtu un uniforme militaire, a crié d'une voix si forte que nous n'aurions pas pu imaginer qu'elle vienne de lui, et a exécuté un exercice comprenant un garde-à-vous, une course, une position couchée et des pompes. Il a tout assumé : le fait qu'il soit coréen, sa tristesse de nous quitter en pleine année scolaire et son anxiété. Sa prestation traduisait avec force qu'il s'était fait à l'idée de devoir faire son service militaire. Sa souffrance m'a fendu le cœur. J'ai vu cet artiste talentueux, debout devant moi, affronter directement les défis de sa vie. J'ai pris conscience que je devais me confronter moi aussi à mes origines bouddhistes… ce que j'avais évité depuis si longtemps.

La prestation de mon camarade sud-coréen m'a rappelé quelque chose que ma mère, pianiste, m'avait dit un jour : « Avant de dire que tu détestes Mozart, tu dois tout d'abord bien le comprendre. » Elle avait ajouté : « À moins d'avoir étudié Mozart attentivement et de pouvoir expliquer précisément ce que tu n'aimes pas dans sa musique, tu ne peux pas le critiquer. »

Lorsque vous critiquez quelque chose, vous devez connaître parfaitement le sujet. Si ce n'est pas le cas, vous n'êtes pas en position de le faire.

Si vous n'avez qu'une connaissance partielle de quelque chose, cela peut conduire à des préjugés et à la discrimination. Lorsque j'ai vu mon camarade de classe sud-coréen prêt à affronter son destin, j'ai compris que pour pouvoir vraiment changer, je devais faire face à ce que j'avais essayé d'éviter le plus possible.

À une époque, le bouddhisme et les moines bouddhistes me déplaisaient fortement. Je ne comprenais absolument pas pourquoi les moines récitaient des sutras, comment quelqu'un pouvait devenir éveillé en prononçant le nom du Bouddha Amida, et le sens des enseignements bouddhistes. Mais lorsque l'on critique ou rejette quelque chose en se basant uniquement sur des fragments de connaissances, on n'est qu'une personne superficielle qui ne fait que se plaindre. Lorsque j'ai pris conscience que je ne connaissais pas vraiment le bouddhisme, j'ai compris que mes critiques étaient basées sur mon ignorance et mes préjugés.

Alors que je venais juste de commencer à travailler comme artiste maquilleur aux États-Unis, j'ai songé à faire un retour aux sources pour suivre une formation bouddhiste. Je pensais qu'en connaissant le bouddhisme, je pourrais devenir quelqu'un de plus fort. Je me suis visualisé comme une personne disciplinée ayant suivi une formation de moine et accomplissant quelque chose sur la scène mondiale que j'étais le seul à pouvoir faire. J'ai commencé à ressentir de l'enthousiasme.

J'ai décidé de commencer ma formation après avoir obtenu mon diplôme. Mon père m'a dit : « Si c'est ce que tu as décidé, alors c'est bien. » Et ma mère, qui avait elle aussi suivi la formation et qui était une nonne ordonnée, m'a également apporté son soutien. « Si j'ai pu le faire, tu le peux aussi. Cette formation est une très bonne chose », m'a-t-elle dit.

Je voulais faire face et assumer quelque chose que j'avais évité depuis mon enfance. Pour la première fois depuis que j'étais parti, j'ai organisé un séjour prolongé au Japon pour suivre cette formation. Aux États-Unis, la nourriture japonaise était très chère, je me suis dit : *Eh bien maintenant, je pourrai en manger tous les jours ! Mmmm !*

Prendre le risque de se lancer dans l'inconnu

J'étais un artiste maquilleur qui aimait porter des talons hauts et des boucles d'oreilles scintillantes, pouvais-je vraiment devenir un moine ? J'allais le découvrir…

Après avoir obtenu mon diplôme à la Parsons School of Design, je suis donc retourné au Japon. La formation se déroulait au temple Konkai-Komyoji à Kyoto et au temple Zojoji à Tokyo, à raison de cinq sessions d'une durée de deux à trois semaines réparties sur deux ans. Ces deux temples sont parmi les plus prestigieux de l'école bouddhiste *Jōdo shū*. Les sessions se déroulaient dans le froid glacial du mois de février ou dans la chaleur torride du mois d'août, et c'était vraiment dur. En fait, c'était l'enfer sur terre !

Les hivers à Kyoto sont glacials et nous devions nettoyer le temple pieds nus. Mes mains étaient rouges et engourdies et mes jambes meurtries à force de rester agenouillé toute la journée sur le sol dur. Les pratiques cérémonielles de l'École de la Terre pure sont extrêmement précises : l'angle de votre inclinaison, la hauteur à laquelle vous tenez vos mains en prière et même la tonalité de votre voix, tout doit être parfait. Si un apprenti moine se trompe ne serait-ce qu'un peu, il doit tout recommencer depuis le début. En récitant inlassablement les sutras, ma voix est devenue rauque et j'ai commencé à tousser constamment. Un jour, j'ai même trouvé du sang dans ma salive. À force d'être assis pendant des heures, jour après jour, nos jambes s'endormaient et nous faisaient terriblement mal. Si nous faisions le moindre mouvement, nous nous faisions crier dessus : « Vous vous permettriez de psalmodier d'une façon aussi grossière à l'enterrement de vos parents ?! » L'entraînement était si strict que beaucoup ont abandonné et sont partis.

Ma mère avait toujours dit que la formation était un vrai plaisir, donc je m'étais dit : *Ça ne doit pas être si dur que ça.* Mais quand je l'ai expérimentée moi-même et que les enseignants me criaient dessus : « Cours ! » parce que je marchais, j'avais moi aussi envie de crier depuis Kyoto et d'appeler ma mère qui se trouvait à Tokyo et de lui dire : « Tu plaisantes ?! Qu'est-ce qu'il y a de réjouissant dans cette formation ?! Je n'ai jamais vu quelque chose d'aussi dur et insensé ! »

Chaque jour, nous avions plusieurs cours qui duraient chacun trois heures, plus une heure le soir pour récapituler la journée. Nous devions mémoriser les sutras, les enseignements et l'histoire du bouddhisme. Nous passions beaucoup d'examens pour chaque matière et nous devions tous les réussir. J'avais toujours été très mauvais en histoire, aussi c'était extrêmement difficile pour moi de mémoriser les caractères chinois, les dates et les événements. Alors pendant les cours, je regardais l'aiguille qui se déplaçait sur l'horloge en me disant : *Oh... il reste encore deux heures de cours avant de pouvoir aller manger*, ou, *il reste encore quatorze jours de cours multiplié par quatre*. C'était horrible, et mes respirations ressemblaient davantage à des soupirs continuels.

Vers la fin de la formation, on nous a enseigné les préceptes bouddhistes. Comme ce cours m'intéressait, je ne regardais pas l'horloge et je prenais plaisir à apprendre. Mais quand on nous a enseigné, entre autres choses : ne buvez pas d'alcool ; ne portez pas de bijoux ; n'écoutez pas de musique ; n'assistez pas à des spectacles de danse ; ne dormez pas sur un lit qui n'est pas à même le sol. Je me suis dit : *Quoi ?! Cela veut dire que je vais devoir porter des bouchons d'oreille chaque fois que j'irai dans un magasin où il y a de la musique de fond, et dormir sur le sol chaque fois que j'irai à l'hôtel ? Et puis je me maquille ! Je porte des talons hauts et des boucles d'oreilles scintillantes ! Je me suis battu pour pouvoir le faire, je ne veux pas renoncer à mon identité durement gagnée. Vais-je devoir cesser d'être qui je suis ?*

À mesure que la formation avançait, j'ai continué à me questionner, me demandant si je ne risquais pas de donner une mauvaise réputation aux moines et de nuire à l'image du bouddhisme.

Il y avait aussi autre chose qui me questionnait : les différences entre les chorégraphies réalisées par les hommes et les femmes dans les rituels que nous accomplissions. Il y en avait notamment un où les moines et les nonnes devaient enjamber un encensoir en forme d'éléphant pour purifier leur corps avec la fumée d'encens avant d'entrer dans la salle de cérémonie. Les hommes l'enjambaient toujours avec leur pied gauche et les femmes avec leur pied droit. Mais comme je m'identifiais autant à un homme qu'à une femme, comment faire ? Je m'inquiétais aussi de comment j'allais pouvoir conseiller les personnes qui se trouvaient dans la même situation que moi. Mais les questions n'étaient pas autorisées, car la tradition veut que l'enseignement soit reçu dans le silence. Comment faire ? Pouvais-je honnêtement poursuivre la formation ? J'y ai beaucoup réfléchi sans trouver de réponse.

Un jour, un maître très respecté est venu nous dispenser des enseignements, mais une fois encore, on nous a dit : « Pas de questions. » Après bien des inquiétudes, j'ai décidé de faire part de mes préoccupations au moine assistant qui s'occupait de notre bien-être quotidien. Il ne m'a pas répondu sur le moment, mais il m'a dit qu'il allait y réfléchir.

Vers la fin de la session, alors que tout le monde s'apprêtait à aller se coucher et que nous étions alignés pour faire l'appel du soir, il m'a appelé : « Hé, Nishimura, viens par ici. Le maître a accepté d'écouter ta question. »

Je me suis dit : *Vraiment ? Je suis autorisé à quitter la salle et à aller lui poser ma question ? Maintenant je ne peux reculer... !*

Le vénérable maître m'attendait. Mon cœur battait la chamade. J'étais totalement terrifié, mais je lui ai quand même posé ma question : « Certaines chorégraphies cérémonielles sont différentes en fonction du sexe de la personne. Les hommes enjambent l'encensoir avec leur pied gauche, les femmes avec leur pied droit ; comme un homme utilise l'empreinte digitale de son pouce gauche et la femme de son pouce droit en guise de signature. Mais j'ai des amis transgenres et d'autres qui ne s'identifient ni comme homme ni comme femme, et dont je fais partie. S'ils participent à des cérémonies, comment dois-je les conseiller ? »

Et voici ce que le maître m'a répondu : « Les chorégraphies cérémonielles que nous utilisons ont été développées après les enseignements originaux. Le plus important est l'enseignement de notre fondateur Hōnen, qui dit que "tout le monde peut connaître la libération de manière égale", donc la gauche et la droite n'ont pas d'importance dans les cérémonies. Tu peux enseigner aux autres à faire ce qui leur convient le mieux. » *Waouh !*

L'essence de l'enseignement bouddhiste est que « tout le monde peut connaître la libération de manière égale ».

J'ai poursuivi en lui disant : « Mais j'aime porter des beaux habits et des accessoires brillants, et selon les préceptes, c'est interdit. C'est pourquoi je me questionne si, en étant qui je suis, je peux vraiment devenir moine bouddhiste. »

Il m'a répondu : « Au Japon, les moines ont souvent un métier, certains sont médecins, d'autres enseignants, et ils portent des tenues différentes en fonction de leur travail. Ils ne portent pas l'habit de moine en permanence. Quelle différence cela fait-il si tu portes une montre et des accessoires brillants ? Je n'y vois pas de problème, car l'essentiel est de diffuser les enseignements afin que cela puisse aider les gens. Bouddha et Hōnen seraient fiers et heureux que tu deviennes moine. »

Quelle réponse plus claire et logique aurait-il pu me donner ? Les nuages sombres qui planaient sur mon cœur ont soudainement disparu et j'ai senti une brise lumineuse y entrer. À ce moment précis, j'ai su que je pouvais devenir moine, avec fierté et sincérité !

Puis le maître m'a dit : « Les apparences ou la distinction entre hommes et femmes n'ont rien à voir avec l'essence de l'enseignement bouddhiste. » Ces mots pleins de bon sens ont complètement changé ma façon de voir le bouddhisme.

J'ai repensé à ses mots : « Tout le monde peut connaître la libération de manière égale. » En tant que personne LGBTQ+, j'avais souffert seul pendant des années et cette phrase m'a été d'une aide immense. C'est pourquoi je voudrais transmettre ce message comme quoi « tout le monde est égal » à toutes les personnes qui souffrent encore aujourd'hui.

Ayant grandi dans un temple et ayant beaucoup souffert de mon homosexualité, j'étais toujours sur le qui-vive. J'avais peur d'être blessé, j'observais constamment les personnes qui m'entouraient en me demandant : *Pourquoi ne puis-je pas être simplement qui je suis et en être fier ?* J'avais détesté le bouddhisme pendant vingt ans, et le bouddhisme avait souhaité mon bonheur depuis plus de deux mille ans.

Je suis si heureux d'avoir été assez courageux ce jour-là pour poser ma question au maître. De mon propre chef, j'avais décidé d'agir et en retour, j'ai reçu un message essentiel qui a transformé ma vie.

Pourquoi suis-je devenu moine ?

Le vénérable maître m'avait dit que je pouvais porter des accessoires brillants tant que cela ne m'empêchait pas d'aider les gens. J'ai immédiatement pensé à mes amis qui se débattaient avec leur homosexualité et leurs valeurs religieuses. Aujourd'hui, ma vocation ne consiste pas à suivre la voie traditionnelle des moines. Mon rôle est de rayonner, de susciter l'attention de personnes dans le monde entier afin de leur montrer que le bouddhisme respecte toutes nos différences et nos qualités uniques. Le bouddhisme considère que nous sommes tous dignes, que nous devons nous aimer nous-mêmes et ne pas laisser les autres nous juger.

Vous ne pouvez pas voir la vérité dans l'obscurité. Allumez la lumière, et la peur disparaîtra.

Imaginez que vous êtes dans le noir et que vous sentez quelque chose bouger. Est-ce un voleur ? Ou peut-être un fantôme ? Vous prenez peur, mais en allumant la lumière vous vous rendez compte que c'est un sac en plastique qu'un courant d'air fait bouger et que cela n'a absolument rien d'effrayant. Souvent, lorsque nous comprenons la véritable nature de quelque chose, la peur disparaît. Continuez à vous poser des questions jusqu'à ce que vous obteniez des réponses. Ce que le vénérable maître m'a expliqué était parfaitement cohérent et intelligible. Quand j'ai compris le fonctionnement de cette approche, je me suis libéré.

« Tout le monde peut connaître la libération grâce aux enseignements de Bouddha. »

Sutra du Lotus, 100

Comment se libérer.

Si quelqu'un vous dit : « Tu dois faire les choses de cette façon », le croyez-vous forcément et faites-vous systématiquement ce qu'il dit ? Peut-être vous sentez-vous contraint de répondre à certaines attentes ? Il existe dans nos sociétés beaucoup de « conventions » et de choses que nous sommes « censés faire », mais elles ne sont pas forcément justes. Voici les trois étapes qui m'ont aidé à me libérer pour devenir qui je suis aujourd'hui :

1. S'informer
2. Rencontrer des gens
3. Voyager

La première étape, *s'informer*, est importante car si vous croyez en quelque chose qui n'est pas en accord avec ce que les autres disent, il peut être difficile d'exprimer votre vérité et de faire valoir votre position si vous ne maîtrisez pas votre sujet. Découvrir les causes, comprendre les faits et vous instruire avec des vérités vous fortifiera.

Par exemple, j'étais autrefois bouleversé à la seule pensée que les personnes LGBTQ+ devaient cacher qui elles étaient vraiment, car l'homosexualité était considérée comme quelque chose de honteux. Quand j'étais plus jeune, comme il semblait naturel que les homosexuels soient détestés et discriminés, je cachais mon orientation sexuelle. Même si je savais au fond de moi qu'elle n'avait rien d'anormal, ce n'est qu'après m'être informé sur ce sujet que j'ai vraiment pu croire en ma valeur.

J'ai découvert l'histoire des droits des LGBTQ+ grâce à des films, des documentaires et des livres qui m'ont permis de comprendre à quel point les gens se sont battus pour ces droits. J'ai également étudié l'histoire des LGBTQ+ et j'ai appris qu'elle remontait au XXVe siècle av. J.-C. – à l'Égypte, la Grèce et la Rome antiques, voire avant. J'ai aussi appris que beaucoup de samouraïs et certains moines étaient homosexuels ; et qu'il existait même des animaux homosexuels et d'autres qui changeaient de sexe au cours de leur vie. J'ai pu échanger avec un biologiste qui m'a expliqué que la diversité offrait davantage de possibilités de survie à l'espèce. L'existence des personnes LGBTQ+ est donc bénéfique, mais tous ceux qui disent que celles-ci sont contre nature ne peuvent pas le comprendre. J'ai également découvert des personnalités LGBTQ+ qui sont en plein essor aujourd'hui, comme Tim Cook, Ricky Martin, Marc Jacobs et RuPaul – et la liste est longue ! – et que beaucoup d'entreprises mondiales, telles que Microsoft, Disney et GAP, soutiennent la diversité et l'inclusion. Mais quand j'étais lycéen à Tokyo, tout cela, je l'ignorais.

La deuxième étape, *rencontrer des gens,* a été cruciale pour ma libération. À l'université, j'ai rencontré des professeurs homosexuels qui excellaient dans l'enseignement, qui étaient chaleureux et attentionnés, toujours bien habillés et profondément respectés par les autres. Personne ne se moquait d'eux pour leur orientation sexuelle, en tout cas ni plus ni moins que des membres du corps enseignant hétérosexuels. Le fait que ces personnes étaient d'excellents enseignants n'est-il pas la preuve que les personnes LGBTQ+ ont autant de valeur que les autres ?

Cherchez vos propres réponses

Lorsqu'une situation me préoccupe ou que j'ai des doutes sur quelque chose, je le pose par écrit, je médite dessus et je recueille les opinions de différentes personnes pour développer ma propre réflexion. Je veux découvrir la véritable nature des choses et pouvoir les expliquer de manière cohérente et compréhensible pour les autres.

1. Pensez à un problème qui vous préoccupe. Il peut s'agir du comportement de quelqu'un, de certaines règles spécifiques imposées, ou d'un sentiment particulier que vous ressentez à propos de quelque chose.

2. Faites des recherches sur Internet sur le sujet qui vous questionne, regardez des reportages et des documentaires télévisés, écoutez des podcasts, lisez des articles et des livres pour connaître les faits historiques.

3. Demandez l'avis d'autres personnes. Essayez de discuter tout autant avec des gens qui sont d'accord avec vous qu'avec ceux qui ne le sont pas ; cela vous permettra d'avoir un éventail de points de vue. Une conversation directe permet de clarifier beaucoup de choses.

4 Sortez de votre communauté et découvrez comment le sujet est perçu ailleurs. Recueillez autant de points de vue que vous le pouvez.

5 Prenez le temps de réfléchir à ce que vous avez découvert. Cela participe-t-il à changer votre façon de penser ?

Quand il m'arrivait d'avoir des doutes sur certains préceptes, je consultais le *Vinaya*, l'un des ouvrages qui traitent des principes bouddhistes fondamentaux. À l'École de la Terre pure, nous étudions surtout la liste de préceptes indiquant ce que nous ne pouvons pas faire, sans que ceux-ci ne soient vraiment développés. En approfondissant ma lecture, je me suis rendu compte que de nombreux enseignements avaient été simplifiés et adaptés pour un public plus large, ce qui a fini par altérer une partie de leur sens initial.

La rencontre avec la mère de mon ami Chechi m'avait aussi montré que les enfants gays ne sont pas forcément rejetés. En savourant le sandwich qu'elle avait préparé avant notre soirée, je m'étais senti accepté et aimé.

Et puis il y a eu la rencontre avec le vénérable maître bouddhiste qui m'a dit en personne qu'être LGBTQ+ n'était pas un problème, ce fut un moment extrêmement intense. Si j'avais lu ses mots ou si quelqu'un d'autre me les avait rapportés, cela n'aurait pas été la même chose.

De la même manière, me retrouver dans la foule de la Marche des fiertés à New York a été une expérience extraordinaire et enrichissante. Il y avait tellement de monde que j'étais incapable de bouger ! J'avais l'impression que toutes ces personnes me soutenaient et me célébraient. Ce fut une immense bénédiction qui est restée gravée dans mon cœur.

Ce qui m'amène à la troisième étape : *voyager*. Si j'étais resté à Tokyo, je n'aurais jamais appris ce qu'étaient les droits LGBTQ+, ni vécu ces expériences incroyables que j'ai partagées avec vous – depuis le groupe religieux dans cette église à Boston à la Gay Pride à New York, en passant par la rencontre avec mes amis en Espagne.

Il est très important de visiter des endroits différents, de sortir de votre cocon, de déployer vos ailes et d'élargir vos horizons.

J'ai eu le privilège de pouvoir visiter beaucoup de pays, mais même si cela ne vous est pas possible, vous pouvez échanger avec des personnes en ligne, regarder des documentaires et des films, cela vous permettra de découvrir des lieux différents. Le vrai pouvoir, c'est la connaissance.

Sachez que le monde est vaste et que ce qui semble être considéré comme *la normalité* là où vous vous trouvez ne l'est pas forcément ailleurs. Il vous appartient de le découvrir par vous-même.

Restez ouvert

Dans le bouddhisme, l'ignorance est considérée comme l'un des trois poisons. Les temps changent rapidement et nous commençons à percevoir que certaines approches et certains enseignements se révèlent inadaptés. Nous pouvons arrêter une horloge, mais nous ne pouvons pas arrêter le temps. Notre époque est caractérisée par une évolution permanente dans tous les domaines, nous devons donc suivre le mouvement.

Vous arrive-t-il d'être confronté à des règles et des situations considérées comme étant « la norme » ou « conventionnelles » ? Vous font-elles souffrir ? Essayez de comprendre leur origine. Par exemple, pourquoi est-il souvent interdit de consommer de l'alcool dans les espaces publics ? La raison est que certaines personnes sont incapables de se contrôler et perturbent la communauté. Cela ne veut pas dire que tout le monde est susceptible de perdre le contrôle de soi, mais les règles communautaires ne font pas de distinction entre ceux qui savent boire raisonnablement et ceux qui ne le peuvent pas. Ce n'est donc pas la consommation d'alcool en soi qui est une mauvaise chose, n'est-ce pas ?

Je vous donne un autre exemple : pendant ma formation pour devenir moine, nous vivions tous ensemble et je comparais les règles de la communauté à un règlement scolaire. Ce n'étaient pas des règles que l'on suivait à la maison. Par exemple, le temple dans lequel nous vivions avait des bains collectifs mixtes. J'aurais préféré que cela se passe comme dans un hôtel où chacun a sa propre salle de bains, mais ce n'était pas le cas, aussi il m'a fallu trouver une solution – qui a fini par être celle de m'isoler des autres.

Si vous comprenez les véritables raisons de ces règles, vous les suivrez de bon gré. Mais si vous ne les acceptez pas ou si vous pensez qu'elles n'ont pas de sens, vous pouvez choisir de faire ce qui vous semble être le plus juste. Je pense que la pire des choses est de suivre aveuglément des règles sans en comprendre les fondements, ou de ne pas s'arrêter pour y réfléchir et de risquer alors de se faire berner, manipuler ou contrôler par les personnes qui détiennent l'autorité. Il est parfois nécessaire de se positionner et il incombe aussi bien à la personne qui élabore les règles qu'à vous-même de trouver des solutions. Il y a une différence entre faire les choses « comme il se doit » et faire les choses justes.

Certains environnements culturels (réalités) conduisent inévitablement à la mise en place de règles et de valeurs conventionnelles. Cependant, celles-ci évoluant avec le temps, vous devez donc décider si vous voulez continuer à les suivre, ou les actualiser.

Interrogez-vous : « Sur quoi mes idées sont-elles fondées ? Me font-elles du mal ou en font-elles aux autres ? » Peut-être nos idées reçues ont-elles été développées initialement pour assurer une certaine stabilité sociale, et n'ont peut-être désormais plus de sens pour vous. Examinez-les, comprenez-les, et si nécessaire, révisez-les. Une fois que vous les aurez vraiment comprises, elles vous serviront de base sur laquelle vous pourrez vous appuyer.

Ceux qui ont établi les règles dans le passé ne sont pas supérieurs à ceux qui vivent à notre époque. Nous sommes tout aussi capables de penser, de créer des changements et d'écrire l'histoire.

Lorsque des nouveaux traitements voient le jour, pourquoi continuer à utiliser les anciens ?

En tant que moine bouddhiste et professeur d'université, mon père possède de vastes connaissances non seulement concernant l'École de la Terre pure, mais également sur l'histoire du bouddhisme à travers le monde et les siècles. Et il y a une chose que mon père m'a dite et avec laquelle je suis en profond accord.

« Les moines doivent évoluer avec leur temps, m'a-t-il dit. Prends l'exemple des médecins. Quand de nouveaux traitements plus efficaces sont mis au point, ils les utilisent à la place des anciens, ce qui leur permet de pratiquer une médecine moderne qui fonctionne mieux. Il en va de même avec la société. Désormais, l'information circule partout, on ne peut pas l'ignorer et vivre comme dans le passé. Tu sais, à moins que les prêtres n'adoptent de nouveaux enseignements et de nouvelles idées pour s'adapter à notre époque, il nous sera impossible d'aider les gens qui vivent aujourd'hui. »

En ces temps nouveaux, faites-vous encore confiance aux vieux traitements ? Si vous avez des doutes sur leur efficacité, vous pouvez en changer !

Au Japon, nous avons un dicton : « Le clou qui dépasse appelle le marteau. » Je ressens parfois la pression de devoir me conformer aux règles, cependant, nous vivons dans un monde globalisé avec des valeurs de plus en plus diversifiées. Je pense que, dans de nombreuses situations, la notion de conformité est semblable à un « vieux traitement ». Une grande partie de ce que l'on nous disait par le passé ne fonctionne plus. Par exemple, autrefois les gens venaient prier dans les temples pour demander la pluie pour les cultures, mais depuis, l'irrigation et l'utilisation des engrais ont été développées. Lorsque vous décidez de vivre en vous aimant et en vous respectant vous-même, les personnes qui prônent la conformité sont susceptibles de vous empêcher d'aller de l'avant. Mais je voudrais que vous continuiez à croire en vous. Tout le monde est différent, et personne ne peut vous dire qui vous êtes, ou ce dont vous êtes capable ou non.

Personne ne connaît l'avenir, mais votre foi en vous-même déterminera la vie que vous mènerez.

Les vieilles idées, comme les vieux traitements, ne sont pas forcément synonymes de bonheur pour tout le monde. Chaque personne a son histoire, et personnellement, je veux pouvoir évoluer en me permettant de commettre des erreurs. Ne renoncez pas à votre vie pour suivre les principes de personnes que vous n'admirez pas. Soyez aventureux, découvrez « des nouveaux traitements », et je suis sûr que vous serez beaucoup plus heureux dans votre vie.

On dit souvent qu'un échec n'en est jamais vraiment un. En effet, un véritable échec, c'est l'incapacité de croire en soi et baisser les bras.

Suscitez le respect

Vous n'avez besoin de personne pour comprendre que vous êtes l'égal des autres ou pour vous donner la permission de l'être. Être considéré sur un pied d'égalité ne doit pas dépendre de vos capacités ou du type de personne que vous êtes. Personne n'a le droit de juger si vous êtes ou non égal à eux. Cela ne relève pas de leur bon vouloir. Nous avons tous la même valeur, et ceci est un fait.

Sommes-nous ou non considérés sur un pied d'égalité, voilà une question qui mérite notre attention. Mais avant même de réfléchir sur ce sujet, une chose est sûre : nous sommes tous égaux. Le précepte bouddhiste selon lequel « tout le monde peut connaître la libération de manière égale » est un rappel important de ce principe. Soyons donc courageux ensemble. Vous n'avez pas à avoir honte ni à vous sentir égoïste lorsque vous reconnaissez que vous avez autant de valeur que les autres.

En tant que moine et personne LGBTQ+, lorsque je dis aux gens : « Nous sommes tous égaux », je reçois des réactions diverses. Mais il y en a une en particulier venant d'un garçon brésilien qui m'a fait extrêmement plaisir : « Dans ma religion, l'homosexualité n'est pas admise et ma mère n'a pas accepté que je sois gay, mais ce que tu as dit m'a donné la force de lui parler et elle a fini par comprendre. »

Quand j'étais à Los Angeles, je partageais une chambre avec un Italo-Américain. Un jour, il m'a confié : « Depuis que je suis petit, je vais à l'église chaque semaine et j'entends dire qu'être gay est un péché. Quand je sors avec un homme, j'ai l'impression d'être coupable et de céder à la tentation. »

Comme vous le savez, mon intention n'est absolument pas de demander à qui que ce soit de se convertir au bouddhisme, ni de critiquer les autres croyances et religions de quelque manière que ce soit. Mais comme le bouddhisme offre des conseils utiles, je lui ai dit ceci : « En étudiant le bouddhisme, j'ai appris que tout le monde peut être libéré de la même manière, indépendamment de ses particularités – ton orientation sexuelle n'a donc aucune importance. Le bouddhisme m'a appris à célébrer qui je suis et cela m'a rendu la vie beaucoup plus facile. J'aimerais juste que tu saches que ce type d'enseignement existe. Et plus personnellement, je voudrais que tu sois heureux et libéré de toute forme de culpabilité. » Il m'a remercié, et ses épaules qui étaient toutes raides se sont un peu détendues.

> **« Tous les noms qui existent sont formés par des lettres différentes. »**
>
> Sutta Nipāta, 648

Siddhârtha Gautama a dit que nous sommes tous égaux et que la seule chose qui nous distingue est notre nom. Dans le bouddhisme, nous sommes tous égaux – indépendamment de notre genre, orientation sexuelle, origine ethnique, race, handicap, profession, statut, éducation, richesse, ou toute autre différence.

Remettez les choses en question, même s'il s'agit de l'un des piliers d'un enseignement

Pourquoi devrions-nous être tous pareils ? Et pourquoi devrions-nous obliger les autres à accepter nos propres valeurs ? Je voudrais souligner ici quelque chose très clairement : vos croyances ne sont pas les seules à être justes ! Prenons l'exemple de l'Éveil dans le bouddhisme. La majorité des bouddhistes vous diront que le but des pratiques bouddhistes est d'atteindre l'Éveil, et c'est pourquoi ils récitent des sutras et méditent pour parvenir à cet objectif final. Cependant, selon un autre point de vue théorique, l'Éveil n'existe pas, ce qui contredit ce qui nous est enseigné à l'École de la Terre pure.

Lorsque j'ai interrogé mon père à ce sujet, il m'a répondu qu'il existait de nombreuses interprétations concernant l'Éveil. Il m'a également dit qu'il n'existe aucun ancien sutra pali où le Bouddha explique la nature de l'Éveil. Dans son ouvrage sur Siddhârta Gautama, le célèbre spécialiste du bouddhisme, Hajime Nakamura, affirme que les références du sutra pali relatives à l'Éveil du Bouddha ont été ajoutées ultérieurement. (J'apprécie infiniment le fait que mon père possède de solides connaissances et qu'il me permette ainsi de découvrir des études contradictoires.)

La recommandation que le Bouddha a vraiment mise en avant est de mener une vie juste (voir « Le Noble Sentier octuple », page 108). Il adaptait ce qu'il enseignait en fonction des besoins de chaque personne. Ainsi, lorsque ces personnes ont transmis ses enseignements, elles ont légué des interprétations différentes sur l'Éveil.

Lorsque vos croyances, religieuses ou autres, vous apportent du réconfort, c'est évidemment merveilleux. Cependant, je pense qu'il est également important de considérer les faits et d'être suffisamment ouvert pour accepter différents points de vue, et d'examiner ses propres pensées et émotions.

Méditez sur vos émotions

Le bonheur, la culpabilité, la colère, la tristesse – nos émotions changent constamment en réaction au monde extérieur, et c'est naturel. Toutefois, il est important de ne pas ignorer celles qui nous perturbent profondément. Nous devons chercher à comprendre pourquoi elles se manifestent et je crois que la méditation est un bon moyen d'y parvenir. Méditer nous permet d'être présent à ce qui se passe en nous et peut nous conduire à des prises de conscience.

Dans le bouddhisme traditionnel, seuls les moines pouvaient atteindre l'Éveil. Cependant, le bouddhisme est arrivé au Japon au VIe siècle ap. J.-C. depuis la Corée et la Chine où une version adaptée avait prospéré. Désormais, les enseignements sont devenus accessibles à un public plus large, et il est dit que tout le monde peut connaître l'Éveil grâce à la méditation.

Il existe différentes pratiques méditatives bouddhistes, comme *zazen* (méditation assise avec les jambes croisées) et *shakyo* (transcription des sutras). J'ai mentionné plus tôt qu'à l'École de la Terre pure, nous pratiquons la récitation du nom du Bouddha Amida, également appelé Bouddha de la lumière infinie. Nous récitons : *Nam Amida Bu*, qui signifie « Je m'en remets au Bouddha Amida ». *Nam* étant l'équivalent de *Namaste* en hindi, qui signifie « Je m'incline devant toi ». Nous pratiquons cette récitation méditative conformément à un sutra où Bouddha dit : « Si quelqu'un récite mon nom avec foi, il sera guidé vers la Terre pure par le Bouddha Amida. »

Pendant ma formation, nous pratiquions les récitations à genoux pendant des heures entières. Je dois dire honnêtement qu'au début, mes pensées partaient dans tous les sens : *Combien de temps cette récitation va-t-elle encore durer ? Dans quel but faisons-nous cela ? Mes jambes sont déjà extrêmement douloureuses, quand je pense que je vais devoir faire ça pendant une heure cinq fois par jour ! Combien de jours reste-t-il encore ?* J'étais confus, mais je suis finalement parvenu à trouver à l'intérieur de moi un espace de paix et de gratitude.

J'ai pu lâcher prise et me libérer de toute agitation, colère et confusion inutile, et enfin trouver un sentiment d'équilibre. Sans ces récitations méditatives, j'aurais probablement continué à me plaindre et à m'énerver tout au long de la formation. La méditation m'a aidé à me sentir reconnaissant, et c'est ce qui m'a permis de surmonter cette initiation ardue. Aujourd'hui, je médite seul, cela m'apporte un équilibre et quand j'atteins un sentiment de gratitude, je m'arrête, et cela me suffit. Peu importe la forme de méditation choisie, je pense que le but est de se libérer de ses émotions et trouver l'harmonie intérieure.

« Une mauvaise action
conduit à des regrets.
Une bonne action
vous remplit de joie
et ne vous cause aucun
regret. »

Dhammapada, 648

Connectez-vous à votre conscience profonde par la méditation

Cette méditation vous aidera à vous connecter à un niveau de conscience plus profond. Si le corps a un genre, une taille, une couleur et interagit avec le monde extérieur, l'être qui se trouve dans l'habitacle de notre véhicule physique n'a ni forme ni couleur. On pourrait le comparer à une boule de lumière. Quand il m'arrive de me sentir bloqué dans ma vie, j'essaie de faire abstraction de tous les éléments extérieurs, de concentrer mon attention vers l'intérieur et d'avoir une conversation avec moi-même, ce que je fais en me posant des questions pendant ma méditation.

1. Trouvez un endroit où vous pouvez être seul. Cela peut être aussi bien pendant que vous prenez votre bain, sur une plage la nuit, ou en vous promenant dans un endroit calme. Éteignez votre téléphone portable ou toute autre source de perturbation. Si vous vous trouvez à l'intérieur, éteignez les lumières vives et asseyez-vous par terre.

2. Vous pouvez vous aider à focaliser votre attention sur vos émotions en fixant votre regard sur une source de lumière comme la flamme d'une bougie ou même la lune.

Personnellement, je préfère une source de lumière naturelle qu'un éclairage LED, mais vous pouvez tout aussi bien vous asseoir dans l'obscurité totale.

3 Si vous vous sentez submergé par vos émotions, vous pouvez vous aider à retrouver un équilibre en vous posant les questions suivantes :

- Pourquoi est-ce que je permets à cette situation de m'affecter ?
- Suis-je plus fort que ce qui me cause des problèmes ?
- Pourquoi cette situation se produit-elle ?
- Si je ne réalise pas de changements maintenant, quelles en seront les conséquences ?
- Pour quelle raison est-ce que je choisis inconsciemment de me sentir de cette façon ?

Cela peut vous aider à définir ce qui vous rend triste ou en colère, ainsi que les raisons qui motivent ces sentiments. Vous pourrez ainsi regarder votre situation de manière objective et mettre de l'ordre dans vos pensées.

4 Puis, quand vous le sentirez, posez-vous les questions suivantes :

- Qu'est-ce que j'ai vraiment envie de faire dans ma vie ?
- Cette vie est-elle réelle ?
- Et si la vie n'était qu'une illusion ?
- Y a-t-il quelque chose que je n'ai pas fait dans ma vie et que je dois faire ?

- Que dois-je faire pour m'assurer de ne pas avoir de regrets au moment de ma mort ?
- Pourquoi est-ce que je vis de cette façon aujourd'hui ?
- Si je pouvais réaliser tous mes rêves, qu'est-ce que je désirerais ?
- Pourquoi suis-je en vie ?
- Qu'est-ce qui me rend heureux ?

Il n'existe bien sûr pas de réponses toutes faites. Personnellement, je réfléchis constamment à tout cela, ce qui me permet d'être moins affecté par la société et les circonstances. En définitive, votre vie vous appartient ainsi que votre corps sans lequel vous ne pourriez pas l'expérimenter pleinement. Vous êtes libre de faire vos propres choix et de prendre les choses en main. Ne laissez personne contrôler votre vie.

5 Quand vous sentez que cela suffit, arrêtez-vous. Vous pourrez recommencer quand vous en ressentirez le besoin.

6 Si vous le souhaitez, vous pouvez poser vos pensées par écrit, cela vous aidera à retenir les différents points que vous pouvez appliquer dans votre vie quotidienne.

La méditation offre une précieuse occasion de vous détacher du réceptacle qu'est votre corps et de vous observer depuis une perspective universelle.

« On doit en premier s'établir soi-même dans ce qui convient. Seulement alors peut-on instruire les autres. Un tel Sage ne peut être blâmé. »

Dhammapada, 158

La prière

La méditation vous permet d'équilibrer vos émotions et de vous connecter à votre conscience profonde. En revanche, la prière est un moyen de souhaiter des choses sur lesquelles vous n'avez aucun contrôle. On pourrait dire que la prière est une forme de « consolation », et ce n'est pas faux. Elle permet parfois de rendre les choses plus faciles et de calmer nos pensées.

Ma prière quotidienne est la suivante : « Puissé-je toujours être dans la gratitude et garder un esprit positif. » Je ne prie pas pour des choses qui demandent que je travaille dur pour les obtenir. Pour moi, la prière est une sorte de porte-bonheur qui apporte la tranquillité d'esprit lorsque l'on a déjà fait tout ce que l'on pouvait ou que l'on ne maîtrise pas la situation.

Soyez le changement que vous voulez voir dans le monde

Faire partie d'une minorité implique des efforts supplémentaires, des libertés restreintes et disons-le, certaines difficultés. Malgré cela, je suis fier d'être qui je suis. Les gens me disent souvent : « Les personnes LGBTQ+ ne sont toujours pas acceptées au Japon ; le gouvernement ne change pas, les gens sont bornés et le Japon est à la traîne. » Dans une certaine mesure, c'est vrai. Aux États-Unis et en Espagne, j'ai vu des couples d'hommes se promener dans la rue en se tenant par la main, mais je n'ai pas vu cela au Japon, sauf à Shinjuku Nichome, un quartier de Tokyo où se trouvent de nombreux bars gays. Mais dans presque tous les pays et cultures, il y a des gens qui peuvent assumer ouvertement leur identité LGBTQ+ et d'autres qui ne le peuvent pas.

Selon votre culture, il peut être plus ou moins difficile de déclarer publiquement que vous êtes différent des autres, mais au bout du compte, cela dépend de votre propension à être fier de vous. Vous ne pouvez pas blâmer l'endroit où vous vous trouvez. Si vous pensez qu'il est impossible de faire valoir votre vérité dans votre environnement actuel, vous vous rendez la tâche encore plus ardue. Et si vous parlez toujours négativement, vous finirez par vous persuader que la situation ne pourra jamais changer. J'ai pris conscience qu'être négatif limitait mon potentiel et me laissait avec un sentiment d'impuissance. Personnellement, être positif et optimiste est le seul moyen d'améliorer durablement la situation tout en préservant mon moral. Vous risquez sinon de vous mettre à détester tout le monde et finir par vous détester également. C'est pourquoi il est si important de chercher le sens positif d'une situation et d'être créatif.

Et cela ne concerne pas uniquement les questions LGBTQ+. Certaines personnes considèrent que leur propre société ou culture « ne vaut rien » ou qu'elle est obsolète, cependant, il me semble important d'être audacieux et de réaliser nous-mêmes des changements. Si je change, d'autres personnes changeront aussi. Je pourrais bien sûr éviter le changement et laisser le reste de la société s'en charger, mais je ne serais alors pas vraiment moi-même. Je veux changer, pas seulement pour moi, mais aussi pour ceux qui souffrent de la même situation. Cela peut paraître effrayant, mais si vous vous levez pour défendre vos droits et ceux de toutes les personnes comme vous ainsi que pour les générations futures, vos propos auront davantage de poids et de sens. Faites-le pour vous-même ; faites-le pour les autres ; faites-le pour l'avenir.

Prenez conscience que toutes choses sont interdépendantes

Le bouddhisme affirme que tout est lié. Toute chose est constituée de divers éléments, et rien n'est vraiment indépendant. Lorsque nous aidons l'un d'entre nous, nous aidons tout le monde.

Quand j'étais plus jeune, je me comparais aux autres en me disant : *Je veux être meilleur que les autres,* ou *Je veux avoir plus de choses que les autres*. Mais, tout est connecté dans l'Univers, quand je procure du bonheur aux gens qui m'entourent, j'en reçois tout autant en retour, sinon plus.

Certaines personnes semblent vouloir monopoliser les richesses du monde, mais je pense que le partage des richesses nous apporte encore plus de bonheur. Accéder à la richesse et la partager est quelque chose de merveilleux. Drew Barrymore m'inspire en ce sens beaucoup de respect, car c'est quelqu'un qui partage ce qu'elle a et nous encourage à œuvrer pour les autres avec bienveillance et compassion. J'adore son émission télévisée *Drew-Gooders* où elle présente d'autres personnes inspirantes. En 2007, elle a été nommée ambassadrice pour le Programme alimentaire mondial contre la faim (PAM) de l'ONU, et elle s'est rendue elle-même au Kenya pour rencontrer des communautés défavorisées. J'étais curieux de savoir ce qui pouvait pousser une actrice de renom à vouloir aider des personnes moins fortunées qu'elle. À l'époque, je me disais : *Si j'étais riche et célèbre, je dépenserais mon argent pour mon seul profit*. Elle m'a fait reconsidérer les choses. Je me suis rendu compte que le fait de mieux appréhender ce qui se passe dans le monde permet de prendre conscience de nos propres privilèges, de l'importance de partager notre bonheur avec les autres, et que les sourires et la gratitude que l'on reçoit en retour sont décuplés. C'est pourquoi j'ai décidé de contribuer à ma communauté en essayant d'inspirer les gens.

Organiser des ateliers de maquillage destinés aux LGBTQ+ et offrir mes conseils, notamment aux femmes transgenres, a été extrêmement gratifiant. J'ai présenté des techniques comme la façon de camoufler l'ombre d'une barbe naissante en utilisant un correcteur de couleur orange. (Cette couleur permet de neutraliser la teinte bleutée de l'ombre de la barbe.) En voyant le bonheur sur leurs visages et en les entendant dire : « Avant, je ne voulais pas que les gens me regardent, mais maintenant, je peux enfin relever la tête et dire : "Regardez-moi !" Quand je me promène dans la rue, je me sens comme Cendrillon ! », je me dis que c'est pour cette raison que j'ai appris l'art du maquillage !

J'ai aussi créé un autocollant arc-en-ciel en collaboration avec la Japan Buddhist Federation, sur lequel on peut voir des paumes réunies au centre et un arc-en-ciel en arrière-plan. Le but de ces autocollants est d'encourager les gens à découvrir les enseignements bouddhistes qui soutiennent la diversité, et d'inviter tout autant les laïques que ceux qui travaillent dans les temples à élargir leurs connaissances. Ces autocollants peuvent être placés par exemple à l'entrée des temples pour montrer du soutien à toute personne, sans discrimination. Des personnes m'ont envoyé des messages pour me dire combien elles s'étaient senties valorisées en voyant cet autocollant et d'autres m'ont dit que le message qu'il véhiculait pourrait même sauver des gens.

La joie que j'ai ressentie en retour a été multipliée par deux, telle est l'interdépendance des choses – ainsi, lorsque nous parvenons à reconnaître notre propre beauté, nous contribuons à rendre le monde également plus beau. Et c'est ce que nous allons voir maintenant.

4

Reconnaissez votre propre beauté

4

Reconnaissez votre propre beauté

Vous possédez une beauté particulière que vous seul pouvez offrir au monde. Laissez transparaître vos vraies couleurs.

Comme vous l'avez compris, je suis convaincu que le maquillage et la mode peuvent jouer un rôle important. Nous savons tous que ce que nous sommes intérieurement est essentiel, cependant, notre apparence représente la couche extérieure de notre personnalité, et c'est ce que les gens voient.

Si les bouddhistes semblent vêtus de façon très sobre, certains enseignements accordent néanmoins une grande importance à l'apparence. Il existe par exemple un texte bouddhiste Mahayana : « Le sutra de l'ornementation fleurie », dans lequel est évoquée une divinité appelée Guan Yin. Ce sutra dit :

> « Ils n'écouteront pas quelqu'un vêtu de haillons. La vertu sublime appelle une apparence sublime. »

Cet enseignement est une exhortation à embellir notre corps. Le sutra dit aussi :

> « Le bodhisattva avait de nombreux disciples, leurs corps étaient magnifiques et majestueux, ils portaient de belles parures, ils étaient sages et possédaient un grand savoir. »

Et :

> « Le bodhisattva était paré de façon magnifique, il dispensait son enseignement aux gens vêtu de vêtements immaculés, enveloppé par les effluves de toutes sortes de fleurs et portait une guirlande de fleurs sur la tête. »

Inspirez-vous de Guan Yin

Guan Yin est un bodhisattva, un être sur le point de devenir un bouddha. La prochaine fois que vous verrez une image de Guan Yin, regardez-la attentivement. Elle est souvent représentée parée d'une couronne, de colliers et de boucles d'oreilles en or, et vêtue de plusieurs couches de tissus délicats. La tenue quasi royale portée par Guan Yin est associée au Bouddha originel, Siddhârta Gautama, qui fut un prince avant de devenir moine. Guan Yin est apparue dans les sutras bouddhistes en Inde au cours du Iᵉʳ siècle avant notre ère, et était à l'origine considérée comme un héros masculin. Cependant, Guan Yin a ensuite été présentée en Chine comme la déesse de la Miséricorde et de la Compassion. Il existe un dicton qui lui est attribué : « Si tu veux être un bodhisattva comme moi, habille-toi somptueusement, sois sage et fort. Ainsi tu seras respecté et tu pourras guider et sauver davantage de gens. » Cette approche était à l'opposé de ce que l'on m'avait enseigné au départ ! Je pensais que le bouddhisme encourageait la modestie. Le nom *Guan Yin* désigne une personne capable de « voir les sons », c'est-à-dire d'entendre la voix des personnes qui souffrent. Guan Yin est celle qui compatit et sauve le monde. Quelle inspiration !

L'exemple de cette divinité au genre ambigu et vêtue somptueusement m'a personnellement beaucoup inspiré.

Qui aurait cru qu'un enseignement bouddhiste nous recommanderait d'être fiers et magnifiques ?

Votre apparence peut refléter votre moi intérieur et représenter qui vous êtes vraiment. Elle peut vous aider à vous affirmer et à vous faire entendre, et susciter le respect des autres. Il est important que vous vous respectiez également. L'énergie de votre présence en sera amplifiée.

Quand j'ai travaillé sur le concours de Miss Univers, les candidates étaient tellement belles naturellement que je me suis demandé si elles étaient vraiment humaines. Pendant qu'on les coiffait, elles portaient attention à la moindre mèche de cheveux, et veillaient à ce leur maquillage soit parfait et à ce que leurs vêtements les mettent encore plus en valeur. Une fois préparées, elles étaient si magnifiques que tout le monde en était stupéfait.

Je pense qu'il n'est pas sain d'évaluer la beauté des gens en fonction des traits de leur visage ou de certaines de leurs caractéristiques physiques qui ne peuvent pas être modifiées. Lorsqu'on juge les autres, ce jugement se répercute sur nous et la conséquence est que l'on finit par avoir du mal à s'accepter soi-même. Mais si nous portons des vêtements qui nous vont bien, si nous apprenons à nous maquiller et à nous coiffer pour mettre nos traits en valeur, cela peut nous permettre de nous sentir plus sûrs de nous. Notre aspect extérieur peut apporter un formidable soutien à notre être intérieur !

Je prends énormément de plaisir à bien m'habiller. Mais je ne le fais pas pour les autres, je le fais pour moi-même, car il me semble que l'essentiel est d'être respecté pour nos qualités de cœur.

Je porte du maquillage et des talons hauts non seulement pour exprimer qui je suis, mais aussi pour témoigner qu'il est possible de vivre comme moi. Je suis sûr qu'il y a des personnes qui voudraient se maquiller et porter des talons hauts, mais qui ont peur de ce que les autres pourraient penser. Je voudrais que ces personnes me voient et comprennent qu'il n'y a rien de mal à ce qu'un homme se maquille, porte des talons hauts et marche comme personne d'autre !

Quand j'étais petit, je n'ai jamais vu quelqu'un comme moi au Japon. On m'a fait croire qu'il était mal d'être moi-même. Je prie pour que les gens qui me verront aujourd'hui se disent : *Il n'y a rien de mal à être qui je suis.*

Étudiez votre style

Je suis sûr que beaucoup de gens savent que leur apparence est importante, mais ne savent pas ce qui leur convient, ni comment améliorer leur style. En fait, il fut un temps où je ne savais pas non plus comment me mettre en valeur. Je pensais que j'avais du style, mais quand je regarde des photos de l'époque et que je vois les tenues que je portais, j'ai envie d'utiliser une machine à remonter le temps pour faire en sorte que cela n'ait jamais eu lieu !

J'ai trouvé une méthode qui fonctionne bien pour moi. J'ai créé un album de photos que j'ai intitulé « Le pire de moi », où j'ai mis les photos de l'époque où je m'habillais mal. Je m'en sers pour réexaminer sans indulgence ce qui me va et ce qui ne me va pas. Je regrette tellement que ces photos aient été prises, mais elles représentent des étapes inévitables de mon évolution.

À une époque, je trouvais que les chemises à col V étaient plus séduisantes, mais en fait elles allongeaient trop mon cou ; je trouvais que les pantalons larges et courts étaient coquets, mais ils raccourcissaient mes jambes. Sur les photos, j'ouvrais grand mes yeux pour les faire paraître plus larges, mais cela creusait des rides sur mon front ; mon fond de teint donnait à ma peau une couleur grisâtre ; mes sourcils étaient trop fins, le *contouring* excessif – les erreurs étaient innombrables !

Ma façon de me coiffer, de dessiner mes sourcils, ma gestuelle… étaient autant de tentatives ratées d'être quelqu'un d'autre. En regardant attentivement ces photos de moi que j'aurais préféré ne pas voir, je me suis écrié à plusieurs reprises

« Oh nooon ! » J'ai compris que ces styles ne me correspondaient pas du tout, et cela a été la première étape pour acquérir un œil plus averti.

Une fois que vous aurez compris vos terribles erreurs, vous ne les referez jamais plus. Il en va de même avec les préceptes bouddhistes ; vous ne pouvez pas entièrement les comprendre à moins de les avoir assimilés par vous-même. Si quelque chose ne vous met pas en valeur, débarrassez-vous-en ou recyclez-le. Si certains vêtements ne vous vont pas ? N'en achetez plus. Si certains maquillages ou coiffures ne vous conviennent pas ? *Sayonara* à tout jamais !

Le jour où on m'a rasé la tête

Juste avant que je quitte les États-Unis pour le Japon pour y suivre la formation pour devenir moine, ma chef maquilleuse m'a rasé la tête. J'avais toujours rêvé d'avoir de longs cheveux soyeux et, à l'époque, je les lissais avec des produits chimiques. J'étais donc plus que réticent à l'idée de les raser, mais ma chef avait organisé un anniversaire surprise à mon intention, qui devait avoir lieu juste après. Elle a aussi dessiné mes lèvres avec de l'eye-liner noir et posé des cristaux sur ma tête. Je ressemblais à une éblouissante fashionista gothique. Mes amis m'ont complimenté en disant que ce style m'allait à merveille et que la forme de mon crâne était magnifique. Vu le nombre de compliments que j'ai reçus, j'ai cédé. J'ai admis qu'avoir le crâne rasé m'allait bien et j'ai commencé à me sentir en confiance avec ma nouvelle coupe.

Créez vos propres albums : « Le pire de moi » et « Le meilleur de moi »

Si, en regardant des vieilles photos de vous que vous trouvez horribles, vous avez envie de crier : « Oh ! J'ai tellement honte ! », créez un album photo que vous intitulerez « Le pire de moi » : cela vous aidera à affiner votre style et à comprendre ce qu'il ne faut pas faire.

1. Parcourez vos anciennes photos sur les médias sociaux, votre ordinateur ou votre téléphone.

2. Sélectionnez les images qui, selon vous, ne vous montrent pas sous votre meilleur jour, et surtout celles qui vous font grimacer !

3. Trouvez également des photos qui vous plaisent et réfléchissez aux raisons pour lesquelles vous les aimez. (Je parle ici de votre maquillage, de votre coiffure, de votre tenue et de votre attitude.)

4. Regardez ces photos chaque fois que vous voulez acheter un nouveau vêtement ou chercher un nouveau style.

5 Regardez vos albums avec des amis en qui vous avez confiance. Quand mes amis ont vu mon album « Le pire de moi », ils ont été francs et directs mais m'ont aussi donné beaucoup de précieux conseils : « Tu devrais garder les cheveux courts ; essaie de porter des vêtements qui s'inspirent des tenues traditionnelles asiatiques ; ne pose pas de manière exagérée ; souris même si tes yeux se plissent… » Leurs conseils étaient très précis ! J'en ai suivi certains et j'en ai laissé d'autres de côté.

À la Parsons School, il y avait une fille qui portait des chaussures de claquettes qui avaient beaucoup de style. Je lui ai demandé si nous pouvions faire du shopping ensemble et elle m'a donné énormément de conseils. C'est en acceptant l'aide des autres que j'ai pu peaufiner les styles qui me conviennent.

Ne recherchez pas la beauté factice en essayant d'être quelqu'un d'autre. Trouvez votre propre beauté et personne ne pourra égaler votre style original.

En regardant l'album « Le meilleur de moi », je me suis rendu compte que les chandails à col roulé donnaient à mon cou un aspect soigné et que les chemises sans manches accentuaient mes lignes verticales et me faisaient paraître plus grand ! En regardant les vêtements que je portais autrefois, j'ai pu aussi repérer beaucoup de choses qui m'allaient bien. Mes amis me disaient : « Ce style asiatique exotique te va bien, Kodo. Pourquoi n'essaies-tu pas de l'affiner ? Essaie de trouver un style qu'on ne voit pas souvent. » Je me suis dit : *Ils m'encouragent à être la personne que je veux être*, et j'ai essayé. À partir de là, je n'ai cessé de découvrir des styles qui me correspondaient et mon armoire s'est petit à petit remplie de nouvelles tenues.

À une certaine époque, je n'hésitais pas à me promener en ville vêtu d'un simple débardeur, avec un sac à dos tout usé et taché. Un jour, alors que je passais devant des boutiques, j'ai aperçu une personne qui avait l'air triste et malheureuse, mais quand je me suis rendu compte que c'était moi en train de me voir dans une vitrine, j'ai eu un énorme choc. Mais plus tard, quand j'ai commencé à porter des tenues qui m'allaient et que je passais devant une vitrine, je me trouvais magnifique ! C'était merveilleux. C'était un tel bonheur de constater que même si ma morphologie était la même, chaque tenue que je portais faisait naître en moi des impressions tellement différentes.

Aujourd'hui, je continue à me prendre en photo, à évaluer si tel ou tel vêtement me va ou non, et à veiller à ce que tout soit harmonieux. Ce processus peut sembler fastidieux, mais il fait toute la différence ! Lorsque des tenues me vont vraiment bien, j'ai l'impression qu'elles ont été confectionnées sur mesure, et je sais que j'ai trouvé un style qui me représente vraiment.

Pendant que vous continuez votre transformation, complimentez-vous ; et quand vous voyez quelqu'un que vous trouvez beau, complimentez-le également ! Je pense que c'est merveilleux lorsque cela fonctionne dans les deux sens, et cela rend chacun encore plus beau.

C'est la magie du relooking ! Complimenter et être complimenté crée un effet de synergie.

Comme vous le savez, j'avais un complexe à cause de mes yeux bridés, mais un jour la sœur aînée de Chechi, mon ami espagnol, m'a regardé droit dans les yeux et m'a dit : « Kodo, tes yeux sont magnifiques ! » C'était agréable d'être complimenté, mais je ne l'ai pas crue tout de suite. « Qu'est-ce que tu racontes ? Tes yeux bleus sont bien plus beaux ! » lui ai-je répondu.

Un célèbre photographe qui prenait les photos de Miss Univers m'a dit : « La forme de tes yeux est très jolie, mais si tu mettais de l'eye-liner, ça ne serait pas une mauvaise idée. » Recevoir ces compliments m'a permis petit à petit de changer ma façon de penser, mais ce n'est pas pour autant que je me suis soudainement mis à aimer mes yeux. Être complimenté était juste le premier pas pour que je commence à les accepter. Pour mettre en valeur leur forme particulière, je me suis intéressé au maquillage charbonneux (*smoky eye*) et à l'utilisation d'ombres à paupières adaptées à mon style et, ce faisant, j'ai progressivement appris à les aimer.

Il est vrai que je pourrais utiliser diverses techniques pour que mes yeux paraissent plus grands, mais dès lors qu'on essaie d'être ce que l'on n'est pas, on est dans l'imitation ou la simulation. Cette illusion peut procurer un sentiment agréable, mais il est de courte durée. N'hésitez pas à observer vos particularités et à vous maquiller de façon à mettre celles-ci en valeur, cela vous rendra radieux. Voilà ce que mes yeux m'ont appris !

À une époque, j'avais essayé d'utiliser de la colle pour créer un pli sur mes paupières ; j'avais aussi essayé d'enfoncer l'os au-dessus de mes yeux avec mes doigts pendant les séances de yoga afin de les faire paraître plus grands. Mais tous ces efforts déployés n'ont rien donné. Mes yeux ne sont peut-être pas ceux dont j'avais rêvé, mais j'ai découvert par la suite des personnes magnifiques qui avaient pourtant des yeux encore plus bridés que les miens. En vérité, la question n'était pas d'arriver à agrandir mes yeux, mais de choisir de les aimer, ou pas. Je n'étais pas vraiment bienveillant envers moi-même.

S'aimer et s'accepter est un choix.

Quand j'ai commencé à me maquiller, je m'exerçais du soir jusqu'au petit matin. Toute la nuit ! Même si le lendemain, j'avais parfois des vertiges, cette expérience m'a vraiment permis d'améliorer mes compétences en maquillage. Personnellement, je pense qu'il faut repousser ses limites pour découvrir de nouveaux horizons.

Si vous vous maquillez de la même façon tous les jours, vous ne découvrirez jamais de nouveaux styles. Une fois de temps en temps, prenez le temps de vous maquiller, lentement et attentivement, jusqu'à ce que le résultat soit parfait. Prenez des photos, observez les traits de votre visage, la façon dont il bouge, et essayez de trouver le maquillage qui vous va le mieux. En persévérant, je suis sûr que vous remarquerez vos progrès !

Le maquillage est un peu comme la cuisine. Essayez différentes recettes – mettez plus de sel, faites cuire plus longtemps, ajoutez des épices. Essayez de trouver ce qui convient le mieux à votre visage.

« Ni l'éloquence
ni une belle apparence
ne peuvent transformer
une personne jalouse,
égoïste et malhonnête
en un être exemplaire.
Mais celui qui a
véritablement arraché,
déraciné et éliminé toutes
ces tendances et qui s'est
libéré de toute aversion –
celui-là est un être
exemplaire. »

Dhammapada, 262-263

Il ne s'agit pas seulement de votre apparence physique, mais aussi de la qualité des choses dont vous vous entourez

Nos objets et accessoires personnels contribuent à créer une image complète de qui nous sommes. Vos sacs, vos chaussons et chaussettes, votre stylo, la chaise sur laquelle vous vous asseyez et même la bouteille dans laquelle vous buvez : toutes ces choses font partie de votre aura. Et lorsque vous êtes conscient de cela, vous les choisissez avec soin. Elles n'ont pas besoin d'être onéreuses, ce qui est important est de savoir si elles correspondent à l'image que vous voulez véhiculer.

En 2018, lors du concours de Miss Univers où j'ai travaillé en tant qu'artiste maquilleur, j'ai apporté une bouteille d'eau en verre à Catriona Gray, Miss Univers Philippines, et elle m'a dit qu'elle ne voulait pas être vue avec cette bouteille à la main ! C'est dire à quel point elle accordait de l'importance aux détails. Sur le moment, cela m'a choqué. Mais je me dis maintenant qu'une telle attention accordée aux détails est nécessaire quand on veut obtenir certains résultats. Catriona Gray a d'ailleurs remporté le concours et a été couronnée Miss Univers 2018 ! Ce n'est pas étonnant.

Si vous voulez exprimer pleinement votre beauté, portez autant d'attention à vos objets personnels qu'à votre être intérieur et votre apparence physique.

À mon avis, beaucoup de gens ont peur de se montrer tels qu'ils sont et n'osent pas se maquiller ou arborer leur propre style vestimentaire. Autrefois, je craignais de sortir maquillé, parce que je ne voulais pas que les autres découvrent que j'étais un homme qui utilisait des cosmétiques. Chaque fois que je sortais avec des talons hauts, il me fallait du courage.

Les candidates au concours de Miss Univers portent des talons de quinze centimètres et défilent d'un pas très énergique qui met en valeur leurs longues jambes. Elles sont si élégantes et pleines d'assurance ! Je voulais moi aussi porter des talons hauts, mais j'avais peur qu'on se moque de moi. Quand j'étais au Japon, je portais des baskets à plateforme avec trois semelles intérieures superposées. Plus tard, pendant la Marche des fiertés, j'ai vu des gens nus dont le corps était peint avec des arcs-en-ciel. Après avoir vu ça, tout était bon pour moi. Là encore, c'était époustouflant et ça a changé ma vie ! Je me suis donc rendu au magasin de chaussures de West Village et j'ai vu des chaussures noires à talons compensés qui recouvraient le dessus du pied, ni trop masculines, ni trop féminines. Je les ai essayées et je me suis senti comme Cendrillon qui avait retrouvé sa pantoufle de verre ! Par la suite, j'ai collectionné beaucoup de différents modèles de chaussures à talons hauts.

L'eye-liner et le mascara peuvent changer votre vie !

Princesse malgré elle est l'un de mes films préférés. Julie Andrews joue le rôle d'une reine d'un pays imaginaire en Europe qui fait irruption dans la vie d'une lycéenne américaine timide et discrète (franchement, plutôt ringarde) jouée par Anne

Hathaway. Elle enseigne à la jeune fille les usages et le goût du raffinement indispensables pour devenir une princesse. C'est l'histoire de la transformation totale d'une fille aux cheveux hirsutes et aux sourcils broussailleux grâce au pouvoir de la coiffure et du maquillage ! Évidemment, comme c'est une actrice d'Hollywood, elle se métamorphose en une beauté extrêmement séduisante. C'est surprenant !

Au point culminant du film, la jeune fille, trempée par la pluie, exprime ses émotions. La scène finale où elle parle avec une grande sincérité et où tout le monde applaudit est extrêmement émouvante. Cette histoire témoigne qu'une transformation extérieure peut participer à un changement intérieur. Elle m'a permis de prendre conscience à quel point notre apparence peut influer sur la façon dont nous nous percevons, et que dès lors que vous avez acquis confiance en vous, vous n'avez plus besoin de maquillage.

J'ai mentionné précédemment que c'est en lisant un livre sur Miss Univers Japon que je me suis intéressé au maquillage. Quand j'ai lu : « les yeux bridés des Asiatiques peuvent être mis en valeur avec de l'eye-liner et du mascara », je me suis dit : *Si Miss Univers le fait, je dois le faire aussi !* Je suis donc allé dans un magasin de Boston et j'ai acheté mon premier eye-liner et mon premier mascara. Quand j'ai essayé le mascara et que j'ai vu le résultat, je me suis dit : *Qu'est-ce qui se passe ? Jusqu'où mes cils vont-ils s'allonger comme ça ?!* J'ai ressenti une grande joie et le sentiment que ma vie allait bientôt changer. Au Japon, quand j'allais au rayon cosmétique des grands magasins, les vendeuses me demandaient régulièrement : « Vous cherchez un cadeau pour votre mère ou pour votre petite amie ? », mais j'étais incapable de répondre que c'était pour moi. Je savais qu'on me dévisagerait et qu'on me ferait sentir que je n'avais rien à faire là. Mais à Boston, certains vendeurs étaient des hommes et ils étaient impeccablement maquillés et je me suis senti à l'aise pour essayer des produits.

Eri a été la première personne que j'ai maquillée. Elle avait l'habitude de s'appliquer une ombre à paupières bleue, chatoyante, en utilisant l'applicateur fourni dans le boîtier, sans même se regarder dans le miroir. (C'était ce genre de fille à l'époque !) Je ne pouvais pas laisser passer ça et un jour, je lui ai demandé : « Ça te dirait que je te maquille ? » Lorsque j'ai eu terminé, son visage était tellement transformé qu'elle était méconnaissable. Elle s'est alors rendu compte qu'elle pouvait être plus jolie qu'elle ne l'avait jamais imaginé. C'est incroyable à quel point deux produits de maquillage tout simples peuvent donner confiance à quelqu'un.

Je me suis alors dit : *Si j'apprends à utiliser du fond de teint, de l'ombre à paupières et du rouge à lèvres, je pourrai aussi aider d'autres personnes à se maquiller*. J'avais trouvé ma vocation : apprendre l'art du maquillage pour pouvoir aider davantage de personnes comme moi à s'accepter elles-mêmes.

« L'art de la préparation »

J'ai découvert « l'art de la préparation » lors d'un atelier donné par Sir John, un artiste maquilleur qui travaillait avec Beyoncé.

Préparer soigneusement son apparence est un tout un art, tout comme la cérémonie du thé au Japon : c'est le processus lui-même qui est important, pas uniquement le résultat final. Et ce principe s'applique aussi à toute chose dans la vie, pas seulement au maquillage.

Pour le concours de Miss Univers, le directeur national de Miss Univers Japon et moi-même devions préparer Miss Japon pour le défilé. Nous avons tout planifié à l'avance afin que tout soit parfaitement prêt lorsque nous serions sur place.

Cette préparation est essentielle. Avant un événement spécial, il est important de tout prévoir en amont : le style adapté à l'ambiance du lieu, les personnes que vous rencontrerez, la durée de votre absence, les produits de maquillage, les vêtements, les chaussures, les vernis à ongles, etc. L'idéal est de faire des essais, de prendre des photos et de faire une sorte de *lookbook* et de vérifier que tout est OK.

Essayez de faire cette expérience, ne serait-ce qu'une fois. Imaginez que vous devez vous rendre à un événement particulier, planifiez les choses à l'avance et faites votre possible pour trouver votre style. Cela vous permettra de découvrir ce que la préparation implique.

Osez réaliser vos rêves !

Pendant ma troisième année à l'université, je devais faire un stage. Je me suis dit *: Autant faire quelque chose qui me plaise !* Lorsque j'ai entendu parler de la maquilleuse de Miss Univers, j'ai immédiatement su que je voulais faire mon stage avec elle.

J'avais le trac, mais je lui ai envoyé un courriel pour lui dire que je voulais apprendre le maquillage avec elle, et elle m'a répondu immédiatement.

Elle m'a demandé : « Vous concourez pour Miss Univers Japon ? »

J'ai répondu : « Non, je suis un homme ! Je ne peux pas concourir. Je voudrais juste apprendre le maquillage pour les hommes. »

Elle m'a répondu plus tard qu'elle demandait 1000 dollars pour un cours de quatre heures ! (Là, vous pouvez imaginer quelques pages de points d'exclamation.) C'était à peu près le même montant que le loyer que je payais quand j'étais en colocation avec Eri ! C'était hors de question, mais ma mère m'a proposé de m'aider : « C'est quelque chose dans lequel tu as envie de t'investir depuis longtemps », m'a-t-elle dit.

Ma mère me soutient pour que je le fasse… il ne me reste plus qu'à donner ma réponse et à programmer les cours, ai-je pensé. C'est ce que j'ai fait et cela a changé mon destin.

Le moment venu, ne soyez pas radin ! Si quelque chose vous tient à cœur, il est essentiel de vous investir.

Malheureusement, l'artiste maquilleuse a dû reporter nos cours, mais pour s'excuser, elle m'a invité à déjeuner. Je lui ai fait part de mon enthousiasme pour l'art du maquillage. Et savez-vous ce qu'elle m'a dit ?! « Toi et moi nous avons la même passion, j'aimerais bien que tu deviennes mon assistant. » Ma décision d'investir dans mon rêve s'est révélée être une opportunité inestimable. Le fait d'avoir pris cette décision le moment venu m'a permis de devenir qui je suis aujourd'hui.

J'ai donc rejoint son équipe quelque temps après et j'ai petit à petit appris les règles et les techniques de maquillage. J'ai acheté les produits qu'elle m'a recommandés dans la mesure de mes moyens, et j'ai commencé à m'exercer sur mes camarades à la Parsons School. À l'école, il y avait un département de photographie où j'ai pu participer aux séances photo et maquiller les modèles chaque semaine pendant environ trois semestres. Je devais maquiller plus de dix personnes dans la journée. J'avais beaucoup de pression et on me demandait parfois de faire plus que ce dont j'étais capable physiquement. Je devais réaliser différents types de maquillages, des maquillages naturels ou aux couleurs vives aux maquillages effrayants, en passant par l'anime. Honnêtement, je n'aimais pas du tout les maquillages qui rendaient les gens effrayants, mais cela dit, j'ai vraiment apprécié l'entraînement intensif que j'ai reçu. Je me suis entraîné dur pour pouvoir réaliser mon rêve, participer au concours de Miss Univers.

« Le parfum d'aucune
fleur ne peut aller
contre le vent.
Mais le parfum de la vertu,
lui, va contre le vent.
En vérité, l'homme
vertueux exhale le parfum
de sa vertu dans toutes
les directions. »

Dhammapada, 54

Comme la seule façon pour moi de pouvoir participer au concours en tant que personne de sexe masculin était de faire partie de l'équipe de maquillage, je recopiais encore et encore dans mon carnet : « J'ai participé au concours de Miss Univers en tant qu'artiste maquilleur », tout en lisant la phrase à voix haute. Et l'année suivante, j'ai rejoint l'équipe de Miss USA et de Miss Univers ! C'était irréel et j'avoue qu'il m'est arrivé d'avoir très peur que quelque chose se produise qui m'empêche d'y aller et que mon rêve s'effondre devant mes yeux. Pendant le défilé, je me suis senti submergé d'émotions ; j'étais aux anges. En tant qu'assistant maquilleur, mon travail consistait à disposer les produits de maquillage et à les passer au fur et à mesure à ma chef, à préparer les mannequins avec de la crème hydratante, et parfois à leur appliquer du fond de teint et à faire des petites retouches. Puis chaque jour, à la fin de la journée, je prenais tous les pinceaux, je les nettoyais et je les séchais, et je les rapportais le lendemain matin.

J'ai appris beaucoup de petites techniques. Ma chef m'a par exemple expliqué qu'il ne fallait pas appliquer trop de mascara parce que cela pouvait faire des paquets collants et donner au regard un air vulgaire. Quand elle m'a demandé d'enlever les grumeaux de mascara sur les cils de Miss USA, je me souviens d'avoir retenu ma respiration pour que ma main ne tremble pas. (Et elle a gagné le concours !)

Je me suis retrouvé dans les coulisses d'un événement grandiose que je n'avais vu qu'à la télévision. Et quand le défilé a commencé avec la musique, c'était comme la célébration de ma nouvelle vie. J'en ai eu des frissons et j'en ai encore aujourd'hui quand je repense à ce que j'ai ressenti !

Comment appliquer le maquillage pour apporter de la symétrie à votre visage

Le fait que les deux côtés de votre visage soient différents peut vous sembler bizarre, mais c'est tout à fait naturel, tout comme les lignes de vos deux paumes de mains sont différentes, alors ne vous inquiétez pas ! Les os du visage ne bougent pas énormément, donc une fois que vous savez comment utiliser le maquillage, équilibrer les deux côtés, l'essentiel est fait !

1. Si vous avez du mal à voir la forme de vos lèvres et de vos sourcils et à réaliser un maquillage symétrique, je vous conseille de prendre une photo de votre visage et de l'inverser en miroir, de gauche à droite.

2. Vous pouvez aussi prendre un selfie et retourner la photo à l'envers, cela vous permettra de voir certains détails sous un autre angle.

3. Les deux côtés de votre visage sont différents. Aussi, pour équilibrer par exemple la différence de hauteur de vos sourcils, vous pouvez les étoffer en les maquillant ou épiler les poils qui dépassent de la ligne. Il en va de même pour vos yeux, vos pommettes et vos lèvres, il vous faut ajuster

le placement des teintes et leur intensité pour que votre visage « paraisse » symétrique. Parfois, quand la forme des sourcils ou des lèvres est très peu visible, il faut les redessiner entièrement. Au début, cela peut vous sembler bizarre à faire, mais vous devez sortir de votre zone de confort !

4 Vous pouvez également modifier l'épaisseur et l'angle de l'eye-liner ou jouer avec le fard à paupières pour équilibrer votre regard.

Quand j'ai commencé à me maquiller, le plus difficile pour moi était de réussir à équilibrer les deux côtés de mon visage. Ma chef me réprimandait souvent parce que j'avais un sourcil plus haut que l'autre ou que le côté gauche de mes lèvres était différent du côté droit. Les traits de notre visage sont presque toujours asymétriques. La position des coins de la bouche, la taille des yeux ou la hauteur des pommettes sont souvent différentes. Pour une raison ou une autre, je ne voyais pas ces différences, et au début, j'ai eu du mal à le faire. Essayez cette technique pour parfaire votre symétrie.

Créez vos propres règles

J'imagine que vous pensez que le maquillage doit se faire dans l'ordre suivant : poser une base de teint, appliquer le fond de teint, dessiner les sourcils puis appliquer l'ombre à paupières. Mais en maquillage, il n'y a aucune règle qui stipule qu'il faut faire les choses d'une manière spécifique. L'essentiel est que, lorsque le maquillage est terminé, les traits de la personne soient mis en valeur et qu'elle soit ravissante ; l'ordre est secondaire.

En matière de maquillage, il n'y a pas de règle absolue. La seule chose qui compte est de se sentir mieux.

Comme j'ai des sourcils clairsemés, j'utilise une méthode toute simple pour accentuer mon regard : je les dessine, c'est tout. Je me souviens que la première fois que j'ai acheté un fard à paupières, il était accompagné d'un mode d'emploi avec les étapes à suivre, mais avec mes yeux, cela n'a jamais marché. Et quand j'ai envie de mettre mes lèvres en valeur, je les maquille en premier et ensuite je vais dessiner mes sourcils et poser mon fard à paupières de façon que tout soit en harmonie. Ce que je veux dire, c'est que tout le monde ne cherche pas à obtenir le même résultat, ou n'a pas un visage qui a besoin d'être maquillé. Personnellement, je prends plaisir à me maquiller comme je le sens.

Quand je suis au travail et que je maquille les mannequins, je commence généralement par les yeux, ce qui parfois les surprend. Une fois que le maquillage des yeux est terminé, je retire avec des lingettes les traces du fard à paupières qui a pu tomber sous l'œil pour pouvoir poser la base de maquillage sur une peau propre. En revanche, quand je n'utilise pas beaucoup de maquillage pour les yeux, je commence parfois par le fond de teint. Vous voyez ? Il n'y a pas de règles !

Mes cinq recommandations pour réaliser un beau maquillage

Pendant que j'apprenais le maquillage aux États-Unis, j'ai créé mes propres cinq recommandations pour réaliser un beau maquillage. Les voici :

1. Le fond de teint doit être de la bonne couleur, à moins que vous souhaitiez que votre visage et votre corps soient de couleurs différentes. Vous devez choisir la couleur idéale, ou mélanger différentes teintes afin d'obtenir un résultat parfait, sans quoi vous risquez de ressembler à une Barbie dont on a échangé la tête avec une autre. Ne choisissez pas un fond de teint en vous disant : *Si je l'applique en couches fines, cela n'a pas d'importance*. Et votre fond de teint ne doit pas être de la même teinte que la peau de votre visage. Faites un essai en en appliquant sur votre clavicule, là où votre peau n'est pas bronzée. Plissez les yeux et si votre fond de teint est de la même couleur que votre clavicule, vous saurez que c'est la bonne teinte.

2. Le fard à paupières doit être posé en dégradé et bien estompé, comme les couleurs d'un coucher de soleil. Le dégradé doit être réalisé de manière homogène pour éviter les démarcations. Commencez par poudrer vos yeux avec de la poudre libre pour lisser vos paupières, cela permettra que le fard s'estompe plus facilement. Essayez de déplacer le pinceau TRÈS DÉLICATEMENT, comme si vous chatouilliez le bas du dos d'un hamster avec une aiguille !

3. Le contour des lèvres doit être régulier, sinon l'attention des gens avec qui vous parlez pourrait être attirée par ses irrégularités et ils risquent de ne plus écouter ce que vous êtes en train de dire. On termine souvent le maquillage par la pose du rouge à lèvres, aussi assurez-vous de ne pas négliger cette étape. Faites un grand sourire pour étirer votre peau afin qu'il n'y ait pas d'irrégularités dans le tracé du contour.

4. Le maquillage doit être symétrique, sinon votre visage pourrait paraître déséquilibré. J'ai entendu dire : « Les sourcils sont frères, mais pas jumeaux. » Pour ma part, je fais en sorte qu'ils soient jumeaux. En prenant le temps, on peut les rendre identiques. Pour parvenir à la symétrie, regardez-vous sur l'écran d'un téléphone portable ; cela vous permettra de vous voir en 2D. Il est plus difficile de voir cette symétrie (ou l'asymétrie) quand vous vous regardez dans un miroir, car vous êtes trop habitué à vous regarder de cette façon.

5. Le maquillage doit vous rendre plus belle ou plus beau et mettre en valeur vos traits, mais si vous vous sentez mieux après vous être simplement lavé le visage, ce n'est pas la peine de vous maquiller.

Tout comme les préceptes bouddhistes sont « suggérés », ces recommandations ne sont pas des règles strictes. Par exemple, si vous réalisez un maquillage gothique, le fard à paupières n'a pas besoin d'être bien estompé ; si c'est un maquillage effrayant, le but n'est pas d'être beau ; et si vous vous maquillez pour jouer le rôle de la méchante sorcière de l'Est, vous n'avez pas à vous soucier de la couleur de votre fond de teint !

Certaines personnes disent même qu'aucun maquillage ne vaut un visage bien nettoyé. C'est aussi tout à fait vrai ; d'ailleurs la plupart du temps, je ne me maquille pas. Mais vous pouvez quand même prendre plaisir à apprendre à mettre vos traits en valeur. C'est ça le plaisir du maquillage !

Trouvez ce qui vous correspond le mieux.

Travaillez votre attitude

Ma chef m'a appris bien plus que des techniques de maquillage. Elle m'a prodigué de nombreux conseils sur la bonne attitude et le bon état d'esprit qu'un artiste maquilleur professionnel devrait avoir, et sur la façon de travailler de manière responsable. Le rôle d'assistant étant nouveau pour moi, j'étais souvent nerveux et j'avais le trac. Mais elle m'a dit : « Fais juste de ton mieux. Si tu donnes le meilleur de toi-même, personne ne se plaindra. » En fait, l'univers du maquillage est beaucoup plus dur que ce que l'on pourrait croire. Les novices, en particulier, sont regardés avec sévérité. La seule façon de se faire accepter est donc de montrer que l'on fait de son mieux et que l'on se donne à fond.

À l'époque, je pensais que réaliser un maquillage naturel était facile à faire, et ma technique consistait à n'appliquer que très peu de fond de teint sur les mannequins. Mais ma chef m'a passé un savon : « Tu feras ça quand tu auras les compétences nécessaires ! » m'a-t-elle dit. En gros, ce qu'elle voulait dire était : « Tu ne sais même pas encore comment appliquer le fond de teint correctement, alors ne fais pas comme si tu le savais. » Et quand j'ai commencé à apprendre à l'utiliser, j'ai compris que je n'avais même pas les notions de base concernant les nuances et les teintes. En fait, je ne m'étais jusque-là intéressé qu'au maquillage des yeux (à cause du complexe que j'avais par rapport aux miens).

Quand j'ai appelé ma mère, en bonne pianiste, elle m'a dit : « Au piano, on pourrait penser que la main droite – celle qui joue la mélodie – est la plus importante, mais si on ne travaille pas tout autant les notes moins marquées jouées par l'annulaire et l'auriculaire de la main gauche, on ne peut pas progresser et l'interprétation s'en ressentira. C'est pour cette raison que tu dois apprendre à connaître tout ce qui concerne le fond de teint et les autres aspects du maquillage, tout autant que le maquillage des yeux. » J'ai été choqué de me rendre compte à quel point j'avais été étroit d'esprit.

À partir de ce jour-là, j'ai fait des croquis en me servant des photos des maquillages réalisés par ma chef sur des modèles, et je me suis entraîné davantage sur tout le reste. En fait, je me suis exercé à faire toutes sortes de maquillages, sauf celui des yeux. C'était vraiment bizarre et fastidieux parce que ce que j'adorais, c'était le maquillage des yeux ! Mais en m'entraînant de cette façon, j'ai pu me concentrer sur les autres aspects du maquillage que j'avais évités jusque-là.

J'avais l'habitude de commencer par me maquiller les yeux, mais comme j'y mettais toute mon énergie, au moment d'appliquer le fard à joues et le rouge à lèvres, j'étais moins concentré. Quand j'ai commencé à vraiment me concentrer sur ces zones, j'ai pu approfondir facilement mon observation. Aujourd'hui, j'arrive à voir des choses que je ne voyais pas auparavant et je peux expliquer les étapes de façon logique et compréhensible pour les autres : pourquoi telle quantité de fond de teint ; pourquoi j'utilise tel pinceau, avec telle pression et en faisant tel mouvement.

Les tendances, les techniques et les petites astuces ne suffisent pas à rendre quelqu'un beau. Ce n'est que lorsqu'on maîtrise correctement les bases que l'on peut se permettre de dire : « Je n'ai pas besoin de faire ça. » Dans le cas contraire, le mieux est de dire : « Je ne sais pas comment faire. »

Veillez à votre attitude, et vous serez sur la voie de la beauté tant intérieure qu'extérieure !

Que votre beauté soit inoubliable

Je crois qu'une personne vraiment belle est quelqu'un qui fait en sorte que les autres se sentent beaux.

> «Quand vous rencontrez ces personnes, vos émotions s'apaisent et votre cœur s'adoucit. Ceux qui ne les ont pas rencontrées auront envie de les connaître.»
>
> Contes de Jātaka

Au concours de Miss Univers 2013, la représentante du Venezuela, Gabriela Isler, était quelqu'un de magique! En plus d'être une beauté exceptionnelle, quand elle me voyait elle se souvenait de mon nom et chaque fois qu'elle me disait: «¡Hola, Kodo!», j'étais totalement sous son charme. À l'époque, j'étais l'artiste maquilleur le plus novice et le plus jeune et je me demandais même si je méritais d'être là et si je serais accepté et accueilli par l'équipe. Mais le simple fait qu'elle me reconnaisse et m'appelle par mon nom m'a donné le sentiment d'être à ma place et je me suis senti fier d'être là. Cela m'a beaucoup encouragé. Je n'oublierai jamais ces moments et je lui serai toujours reconnaissant pour sa gentillesse. Et bien sûr, Gabriela a remporté le titre de Miss Univers cette année-là!

En regardant Gabriela je me suis dit : *La beauté extérieure, c'est important, mais je veux devenir le genre de belle personne qui permet aux autres de se sentir beaux aussi !*

Rien ne dure éternellement

Le bouddhisme enseigne que la vie est impermanence ; tout est en perpétuel changement. Nous en prenons vraiment conscience lorsque l'un de nos êtres chers meurt. La mort d'une personne à laquelle nous sommes profondément attachés peut nous sembler quelque chose d'irréel.

J'ai moi aussi perdu des êtres chers, mais ils ne sont pas morts dans mon esprit. Leur sourire est toujours présent et ils sont en moi pour toujours. Je me dis qu'ils sont toujours vivants quelque part dans un endroit lointain, car leur dire adieu à jamais serait trop triste.

Ma façon d'aborder l'impermanence de la vie est de traiter chaque personne en étant conscient qu'un jour elle ne sera plus là. Quand il m'arrive d'être fâché contre un membre de ma famille, je me rappelle que cette relation ne sera pas éternelle et je me demande à moi-même de ne pas l'oublier. J'observe ma réaction et si ma colère perdure, je m'autorise à ressentir ce sentiment jusqu'à ce que j'arrive à le transformer, puis j'agis en conséquence. Parfois, j'imagine que les êtres chers présents dans ma vie sont en fait déjà tous partis, mais qu'ils sont revenus momentanément me voir, ça me permet d'apprécier encore plus leur présence et d'être davantage reconnaissant.

Comment changer votre façon de vous percevoir

N'attendez pas la reconnaissance des autres ; soyez bienveillant avec vous-même. Cet exercice peut se pratiquer comme une affirmation. Comme vous le savez, je pensais autrefois que je n'étais pas à la hauteur et que je n'étais pas beau. J'ai remédié à cela en me parlant à moi-même tout en touchant doucement mon corps et mon visage – et, oui, je le fais nu, avec la porte verrouillée !

1 Installez-vous dans une pièce où vous ne serez pas dérangé, comme votre chambre ou votre salle de bains.

2 Tenez-vous nu devant un miroir et regardez-vous.

3 Regardez-vous droit dans les yeux.

4 Exprimez à votre être tout entier ce qu'il a besoin d'entendre, par exemple :

- Je suis beau/belle
- Je suis capable
- Je suis célébré(e)
- Je suis aimé(e)

- Ma peau est belle
- Mon corps est sain
- Je suis libre de toute pensée autodestructrice
- Personne ne peut prendre la responsabilité de ma vie, je prends mes propres décisions
- Savoir dire non me permet de grandir
- Je m'autorise à recevoir tout ce que la vie a à offrir

5 Passez doucement vos mains sur votre corps et votre visage, touchez votre peau, tapotez votre tête, en restant présent à ce qui se passe. Si vous n'êtes pas pleinement présent à ce vous ressentez, votre voix pourrait devenir semblable à une musique de fond. Permettez à votre corps tout entier d'être à l'écoute et en phase avec ce que vous lui exprimez.

6 Si cet exercice vous paraît bizarre et absurde, persévérez et vous verrez qu'avec le temps cela deviendra plus naturel – de plus, cela nourrira votre confiance en vous !

Au début, je n'arrivais pas à me regarder dans les yeux. Par la suite, quand j'ai senti que je pouvais me dire : « Oui, voilà ce que je suis », j'ai arrêté de faire cet exercice. Aujourd'hui, il m'arrive de le refaire de temps en temps.

Me rappeler que la vie est impermanente me rend parfois triste, mais cela me permet aussi d'être dans la gratitude et prêt à accueillir tout ce qui pourrait arriver dans le futur.

Comment vivre « une vie riche » ?

Pour vivre une vie riche, il faut que je la fasse sans cesse évoluer et qu'elle soit pleine de changements. Je n'aime pas quand les jours se suivent et se ressemblent, car ce sont les nouveaux défis qui rendent la vie intéressante.

Je fais souvent des pauses et je m'interroge : *Que dit mon cœur ?* Si je me trouve par exemple dans une phase stable de ma vie où tout semble me réussir, mais que mon cœur ne ressent pas d'enthousiasme, je sais qu'il est temps pour moi de passer à autre chose. Un jour, un ami m'a dit : « C'est en se détachant des choses qui nous sont familières que l'on grandit. Certaines personnes hésitent à sortir de leur zone de confort et de stabilité. » Je pense que c'est un choix. Personnellement, j'aime me déplacer comme le vent, et le vent meurt s'il est enfermé dans un endroit clos.

Si vous êtes inactif et que vous vous contentez de suivre le cours des choses au jour le jour, le temps vous échappe. Par exemple, vous surfez sur Internet, et avant même de vous en rendre compte, deux ou trois heures se sont écoulées. De la même façon, un, deux ou trois ans de notre vie peuvent ainsi filer en un rien de temps sans que l'on s'en aperçoive. C'est une sorte de gâchis. Et soudainement, nous nous rendons compte :

« Attends... quoi ? Ça fait déjà trois ans ? ! » Nous avons l'impression que notre vie se raccourcit et que nous n'avons pas vécu tout ce que nous aurions voulu pendant cette période. C'est comme si nous étions passés à côté des choses !

Si vous craignez le changement, votre vie – la seule que vous ayez – peut vous échapper en un instant.

J'aspire donc, autant que possible, à vivre de nombreuses expériences et à continuer à évoluer. Je voudrais découvrir toutes sortes de nouvelles choses et vivre ma vie en développant progressivement ce que je ressens être « mon propre style ».

Pour ma part, la façon la plus simple que j'ai trouvée de me renouveler est de voyager – comme je l'ai mentionné aux chapitres 2 et 3. Le mieux, dans la mesure du possible, est de se rendre dans d'autres pays ; mais il existe de nombreuses façons de se sentir stimulé sans se déplacer quelque part. Vous pouvez échanger avec des personnes de cultures différentes, apprendre quelque chose de nouveau, lire des anciens ouvrages ou découvrir d'autres traditions grâce à des films et des documentaires étrangers. Lorsque vous découvrez un monde différent de celui que vous connaissez, cela apporte à votre vie une certaine légèreté, elle devient plus intéressante et plus riche. Plus tard, quand vous regarderez en arrière, je suis sûr que vous serez heureux d'avoir utilisé pleinement votre temps.

Une étoile naît d'un grand bouleversement dû à des réactions chimiques

Si vous vous sentez agité et nerveux, c'est l'occasion de vous transformer. Faites quelque chose qui sort de l'ordinaire pour changer votre avenir ! Saisissez l'opportunité de faire un premier pas vers une nouvelle vie. Tout comme les étoiles, lorsque vous aurez surmonté les bouleversements de la naissance, vous pourrez un jour éclairer le monde de votre lumière.

La peur que vous ressentez est souvent la phase la plus difficile du processus de changement vers le meilleur qui est encore à venir.

En fait, nous devrions délibérément nous mettre dans des situations qui nous rendent nerveux, nous déstabilisent ou qui peuvent nous effrayer, car les émotions que celles-ci suscitent peuvent nous conduire à changer. Par exemple, lorsque j'ai décidé d'aller à New York, j'étais très anxieux. J'ignorais complètement quel genre de vie m'attendait. Lorsque je suis arrivé là-bas, au début, il m'est souvent arrivé de me tromper de rames de métro et de me perdre dans la ville. Aujourd'hui, je m'y sens comme chez moi et j'y ai trouvé l'opportunité de me former au maquillage, entouré des meilleurs.

Quand j'ai commencé à suivre ma formation pour devenir moine, je n'arrivais pas à suivre les rituels et je me sentais extrêmement gêné. Il m'a fallu un certain temps pour m'habituer à ce mode de vie, mais en acquérant une meilleure connaissance des fondements du bouddhisme, cela m'a permis de comprendre la notion d'égalité.

Lorsque j'ai décidé d'annoncer mon homosexualité à mes parents, mes mains étaient froides et tremblaient. Je me demandais comment ils allaient réagir. Ma pire crainte était qu'ils me rejettent. Mais aujourd'hui, je peux parler ouvertement de mon homosexualité et je n'ai rien à cacher. Je suis devenu beaucoup plus libre.

Toutes ces situations déstabilisantes me rendaient extrêmement nerveux ! Mais une fois mes émotions surmontées, j'ai eu le sentiment de m'engager sur une nouvelle voie. Le courage de faire le premier pas m'est venu naturellement. Après avoir passé huit ans à New York, j'ai eu l'impression que je stagnais et je suis parti m'installer à Los Angeles. Au bout d'un an et demi à Los Angeles, j'ai décidé de repartir au Japon parce que je me sentais prêt à participer à la société japonaise pour faire connaître les droits LGBTQ+. Et maintenant, je retourne encore à l'étranger pour parler de bouddhisme et de maquillage. Vous voyez ? Ma vie est en constante évolution, et cela me permet d'apprécier combien elle est riche.

Votre agitation est le signe que vous intériorisez quelque chose qui ne vous est pas encore familier. Cette agitation peut contribuer à votre croissance.

Attention aux distractions

Je suis conscient de la chance que j'ai de vivre à cette époque. Au lycée, je n'avais pas un seul ami, mais le forum gay en ligne m'a apporté un soutien psychologique et c'est aussi grâce à Internet que j'ai rencontré l'artiste maquilleuse qui est devenue mon mentor. En 2019, à la suite de ma brève apparition dans l'émission *Queer Eye – Bienvenue au Japon !* sur Netflix, des agents de bord qui travaillaient sur des vols internationaux m'ont reconnu. Même en dehors du Japon, des personnes venaient me voir et me disaient : « Je vous ai vu dans *Queer Eye* ! » (Je vous en dirai un peu plus sur cette expérience dans un instant !)

Internet m'apporte de nombreux avantages dans ma vie quotidienne et j'adore discuter sur les réseaux sociaux et avec mes amis. Cependant, j'aime tellement ça qu'une fois que j'ai allumé mon smartphone ou mon ordinateur, j'oublie ce que je voulais faire et je suis capable de passer des heures à envoyer des courriels, à discuter sur les réseaux sociaux, à regarder les informations en boucle et des vidéos sur YouTube. C'est dans ma nature. C'est pour cela que j'ai décidé de ne regarder mon smartphone qu'après avoir fait mon sport et déjeuné. Je fais tout mon possible pour ne pas le regarder le matin, sauf si je n'ai vraiment rien de prévu, car si j'ai le malheur de consulter mes notifications, c'est fini ! En un rien de temps, il est déjà midi, puis c'est déjà le soir. Tout mon temps et mon énergie pour faire du sport se sont évanouis. C'est pourquoi je dois me discipliner moi-même : *Kodo, fais attention que cela ne te vole pas ta vie !* Qu'en est-il pour vous, est-ce que les réseaux et autres sollicitations vous détournent de vos objectifs ?

Cela dit, lorsque je fais du sport, j'écoute de la musique. Soit j'utilise un lecteur de musique qui n'est pas connecté à Internet, soit j'active le mode avion sur mon téléphone et j'écoute la musique ou les podcasts que j'ai téléchargés. Si je désactivais le mode avion, je ne pourrais pas faire ce que je me suis fixé. C'est un moyen de gérer la partie de moi qui ne sait pas quand elle doit s'arrêter. Plus nous avons facilement accès à certaines choses, comme les smartphones ou les jeux vidéo, plus notre rythme de vie risque de se dégrader. Si vous voulez atteindre vos objectifs, il vous faut saisir fermement le volant de votre véhicule pour ne pas dévier dans une mauvaise direction. Gérez vos distractions et restez concentré sur ce que vous voulez vraiment dans la vie – et cela s'applique également au choix de vos mentors ou modèles et des personnes que vous choisissez d'écouter.

Cela m'est égal si l'on ne m'apprécie pas

Un jour, j'avais 26 ans à l'époque, je me promenais en talons hauts en cuir Emilio Pucci dans l'Upper West Side, quand tout à coup un homme d'âge moyen (habillé en gris de la tête aux pieds) m'a crié dessus : « Tu es un homme ou une femme, toi ? ! » Ce fut tellement inattendu que je n'ai pas pu répondre. J'étais sous le choc.

Quand je suis arrivé au café auquel je me rendais, j'étais encore tout retourné. C'est alors qu'une dame chic d'un certain âge qui portait un chapeau rouge s'est adressée à moi en ouvrant grands ses yeux : « Oh ! J'adore vos talons ! Ils

« Tant qu'un but n'est pas atteint, il faut continuer à y tendre. Visualisez votre objectif en train de se réaliser, et le résultat escompté se produira. »

Udānavarga, 16, 2

sont confortables ? » m'a-t-elle dit en anglais avec un accent français.

Je lui ai répondu : « Je n'irais pas à Disneyland avec, mais j'adore leur forme ! » Les quelques mots que nous avons échangés ont dissipé ma tristesse et j'ai eu une sorte de révélation. Je n'avais pas mis les chaussures pour plaire à l'homme qui m'avait crié dessus. Si une personne que je trouvais élégante appréciait mon style, c'était amplement suffisant !

Peu importe que quelqu'un vous approuve ou non, l'important est que quelqu'un que vous respectez vous approuve.

Autrefois, je faisais toujours attention au regard des autres dès que je mettais le pied dehors. Nous avons tous des points de vue différents et il est impossible d'être d'accord avec tout le monde. Il sera difficile d'atteindre vos objectifs si vous écoutez toutes les opinions. Je sais que j'entendrai encore des gens dire des choses désagréables – comme cet homme qui m'a crié dessus –, mais désormais, je sais les ignorer. Je me dis à moi-même : *Ne te laisse pas distraire par les personnes négatives. Peut-être ont-elles envie de se promener en talons hauts mais n'en sont pas capables ! Si elles osaient le faire, elles ne te crieraient pas dessus.* Je m'habille élégamment quand je vais dans des endroits où je sais que des personnes que j'admire m'accueilleront comme je suis. Miss Fame ? Billy Porter ? Carson Kressley ? Ils adoreraient mes talons hauts !

Pour réaliser mes rêves, il est très important pour moi de savoir à qui je demande conseil et avec quel type d'amis je passe du temps, car les personnes dont je m'entoure font partie intégrante de ma vie. Ne demandez conseil qu'aux personnes qui ont réussi, les vrais gagneurs ne chercheront pas à briser vos rêves. J'évite les personnes qui, lorsqu'on leur demande des conseils, répondent par des phrases comme « Ça ne pourra pas se faire », ou « Les personnes qui parviennent à réussir sont rares ». Je préfère me donner les moyens de rencontrer et échanger avec ces « personnes rares ». Je n'écoute pas ceux qui ont essayé et n'ont pas réussi, ni ceux qui ont baissé les bras. Personnellement, je n'ai pas besoin de savoir le pourquoi du comment ils n'ont pas réalisé leurs rêves.

Vous voulez réussir dans un domaine qui vous intéresse, mais vous ne savez pas comment faire ? Je vous recommande de demander conseil à une personne qui a connu un grand succès et que vous voulez prendre pour modèle, puis faites en sorte de pouvoir étudier de près les valeurs qu'elle met en avant. Quand vous adhérez à des principes élevés, vous faites déjà partie de ces « personnes rares » qui réussissent. Ce qu'on peut accomplir en vingt-quatre heures est limité ; la question est donc de savoir comment employer votre temps et à quoi vous allez consacrer vos efforts. Je pense que cela tient pour beaucoup à un état d'esprit optimiste et à la capacité de visualiser la réussite. Les pensées et les comportements sont contagieux, il faut donc toujours veiller à ses fréquentations.

Soyez curieux et ouvert d'esprit

Avant d'aller à un rendez-vous, je m'apprête toujours. Je me dis que si je me présente bien, la personne sera plus amicale.

Quand j'ai commencé à me maquiller, j'ai fait toutes sortes de choses pour apprendre différentes techniques : je suis allé dans des magasins de cosmétiques, j'ai participé à des ateliers et j'ai visionné de nombreux tutoriels vidéo. Souvent je me disais : *Oh mais ça, je le sais déjà !* et cela ne répondait pas à mes nombreuses questions. Mais quand j'ai eu l'opportunité de rencontrer l'artiste maquilleuse de talent qui est devenue mon mentor et pour laquelle j'avais beaucoup de respect, j'ai vraiment évolué. Les conseils en matière de maquillage qui consistent en des gadgets marketing ou des astuces rapides qui ne conviennent qu'à certaines personnes ne m'intéressent absolument pas. J'ai réalisé mes rêves en n'accordant ma confiance qu'à des personnes très compétentes et à des techniques éprouvées. J'ai rencontré des personnes qui m'ont montré comment aller de l'avant de façon pragmatique, j'ai ensuite appliqué leurs conseils pour réussir en commençant par des objectifs réalisables.

Ma phrase préférée est celle de l'artiste maquilleur de RuPaul : « Les gens me demandent souvent : "Quelles marques de maquillage utilisez-vous ?", mais cela n'a aucune importance tant que ça marche. » Magnifique ! Bien sûr, j'ai des marques favorites, mais j'ai appris à ne pas en dépendre et à davantage me concentrer sur la façon dont j'applique les produits.

J'ai reçu de précieux conseils de personnes que je respecte vraiment et qui ont contribué à ouvrir mes horizons. Un ami indien qui travaille à la Banque mondiale m'a dit : « Si tu suis ta passion, l'argent viendra. Mais si tu poursuis l'argent, tu courras après toute ta vie. Consacre-toi à ce que tu aimes faire, tu gagneras plus et tu seras plus heureux. » Cette façon de voir les choses était totalement nouvelle pour moi.

L'ambassadeur d'Haïti au Japon m'a dit : « N'accepte que les emplois dans lesquels tu peux donner le meilleur de toi-même, sinon abstiens-toi. » Cela m'a vraiment marqué. Auparavant, j'avais l'habitude d'accepter toutes les missions possibles, et soit je n'étais pas assez préparé, soit je me retrouvais débordé. Quand je me sentais submergé par les choses à faire, il m'était impossible de me donner entièrement à mon travail. Quand j'ai commencé à savoir dire non, j'ai pu me concentrer davantage et travailler de façon plus efficace.

Mon ami espagnol m'a dit un jour : « Tu ne peux évoluer qu'à un certain rythme, alors ne te précipite pas. Pour qu'un arbre grandisse, il a besoin de temps. Tu ne peux pas tirer sur une plante pour la faire pousser plus vite, alors arrête de te stresser. » Ce conseil m'a vraiment évité de me sentir incompétent et frustré.

Demandez de l'aide quand vous en avez besoin

Une amie thaïlandaise designeuse m'a dit qu'il fallait que je sache demander de l'aide, car en déléguant certaines tâches à d'autres personnes, cela participait à leur assurer un revenu. Elle m'a expliqué qu'il n'y avait pas de mal à demander de l'aide pour le ménage ou d'autres services tant que l'on traitait les gens avec bienveillance. Dans le passé, je faisais tout moi-même : je passais la serpillière, je cuisinais, je faisais la lessive, je maquillais, je nettoyais les pinceaux, je répondais aux courriels, je m'occupais de la promotion et je négociais des contrats. Je pensais que c'était une qualité, mais je me retrouvais souvent complètement dépassé. J'ai fini par lâcher prise et j'ai décidé de demander de l'aide. J'ai pris conscience que personne ne peut tout faire tout seul et que pour réaliser de grandes choses, j'avais besoin de m'entourer de personnes professionnelles dans leur domaine. On ne m'avait pas appris ce genre de choses quand j'étais jeune et je comprends que demander de l'aide puisse sembler un peu intimidant ou étranger à certaines personnes. C'est une leçon que je suis aujourd'hui reconnaissant d'avoir reçue.

N'essayez pas de tout faire tout seul.

Quand j'ai commencé à travailler avec des célébrités à Los Angeles, j'ai appris que pour qu'un événement ou une personne suscite un grand intérêt, il fallait le soutien d'un ensemble de professionnels : manager, directeur des relations publiques, responsable des médias et réseaux sociaux, styliste, coiffeur, maquilleur, chorégraphe, danseurs, musiciens, agents de sécurité, et bien sûr, le soutien de la famille et des amis... La liste est longue. Toute cette synergie crée une certaine magie et donc un impact énorme. J'ai appris qu'une personne ne peut pas tout faire toute seule, et j'ai commencé à demander de l'aide sans me sentir coupable.

Si vous vous plaignez, les problèmes se multiplient

J'ai déjà mentionné que pendant ma formation pour devenir moine, si nous commettions la moindre erreur lors des cérémonies ou pendant les récitations chantées, nous devions tout recommencer depuis le début. La formation était si difficile que j'ai parfois eu envie de m'enfuir. Beaucoup d'apprentis moines se plaignaient continuellement d'être réprimandés par nos tuteurs et du fait que cette formation soit si éprouvante.

Je m'étais joint à leurs plaintes, mais plus tard, j'ai arrêté, préférant réfléchir à l'avenir : *Qu'allais-je faire lorsque la formation serait terminée ? Quels aliments devrais-je consommer ? Quel type de maquillage allais-je pratiquer ?* J'ai noté mes pensées dans un carnet et je me suis préparé à les mettre en pratique le moment venu. Me plaindre n'aurait changé ni le contenu ni la durée de la formation. Il m'a semblé beaucoup plus constructif de commencer à réfléchir à ce que j'allais faire par la suite (tout à fait entre nous, j'ai même commencé à imaginer différents maquillages en regardant des statues de Bouddha ! Mais au fond, c'était quand même mieux que de me plaindre, non ?).

Lorsqu'on est en proie à l'insatisfaction, il est difficile de gérer ses émotions. Il est pratiquement impossible d'éviter de se plaindre, cependant, personnellement, je ne déballe pas systématiquement ce que j'ai sur le cœur. Il est important de modifier légèrement l'angle sous lequel on regarde les choses et de ne pas oublier notre sens de l'humour. Les choses ont un aspect différent selon leur éclairage et c'est vous qui décidez où cette lumière doit être dirigée.

Si vous braquez constamment le projecteur sur votre insatisfaction, celle-ci vous suivra où que vous alliez.

Pendant le concours de Miss Univers, j'ai reçu un appel de ma chef à 6 heures du matin me demandant de venir immédiatement pour une séance de maquillage. Je me suis dit : *Comment peut-elle me demander ça si tôt le matin ?!* Mais j'ai regardé le côté amusant de la situation : *Ma chef ne m'a-t-elle pas appris qu'il était important de se préparer à toute éventualité, car on ne sait jamais ce qui peut arriver ?* Mieux valait en rire plutôt que de me plaindre et me sentir mal par la suite. Il ne sert à rien de s'énerver ; il est préférable de prendre les choses avec humour et de laisser tomber les sentiments négatifs.

Vous vivez une journée difficile ? Imaginez que vous êtes dans un film

Quand je travaillais comme assistant maquilleur à New York, un jour ma chef m'a demandé d'aller acheter des faux cils. « J'ai besoin de cent paires de faux cils noirs n° 18 de la marque X avant qu'on parte demain pour Las Vegas », m'a-t-elle dit. Malheureusement, je n'avais que la soirée pour les trouver !

J'ai étudié une carte et calculé un itinéraire qui me permettrait de faire le tour de tous les magasins et commerces de proximité, en partant de Times Square à Manhattan. Puis je me suis lancé...

un magasin après l'autre. Si un magasin en avait trois paires, je m'en sortais bien, s'il en avait six, je me sentais très chanceux ! Mais beaucoup n'en avaient pas et chaque fois que je ressortais, j'étais dépité. Après avoir marché environ quatre heures, je n'étais toujours pas parvenu à trouver les cent paires. Entre-temps, la pluie s'était mise à tomber à verse et j'étais là, avec mes sacs qui se balançaient au bout de mes bras et je n'arrêtais pas de réfléchir. *Elle m'a dit d'en prendre le plus possible. Je peux peut-être arrêter maintenant ?* Mais après avoir calmement réfléchi à ce que je ressentirais après avoir renoncé, je me suis dit que je ne voulais pas avoir de regrets ou me dire plus tard : *Pourquoi ai-je abandonné ce jour-là ?*

Je ne faisais pas les courses à contrecœur, juste parce que ma chef me l'avait demandé. Je voulais vraiment les faire et aller jusqu'au bout sans baisser les bras. Ces pensées m'ont redonné un peu d'énergie et j'ai essayé de me motiver : « Fais comme si tu étais dans le film *Le diable s'habille en Prada* ». Et après avoir fait le tour de tous les magasins de la 40e Rue à la 70e Rue Ouest et Est, j'ai finalement trouvé les cent paires ! *J'ai réussi ! Je suis au top !* me suis-je dit (tout en pensant secrètement qu'un jour je raconterais cette anecdote dans un livre).

J'étais totalement épuisé, mais je devais encore tout préparer à temps pour partir à Las Vegas le lendemain. Une fois rentré, j'ai sorti tous les faux cils de leurs emballages, je les ai regroupés en les disposant tête-bêche pour ne pas les écraser, j'ai agrafé les tickets de caisse ensemble, j'ai calculé le total et j'ai envoyé un courriel à ma chef : « Je l'ai fait ! »

Beaucoup de gens se demandent parfois : *Mais pourquoi dois-je travailler si dur ?* Pourquoi ne pas faire une pause et vous demander à la place : *Comment cette expérience peut-elle m'être bénéfique ?*

Quand j'étais au lycée, je me sentais aussi seul que Cendrillon moquée par sa marâtre et ses demi-sœurs. Les enseignants attendaient de moi que j'étudie dix heures par jour, et mes camarades de classe se moquaient de moi à cause de ma sexualité. Et pourtant, quelque chose au fond de moi me disait que ce stress et ces humiliations pourraient me rendre plus fort dans le futur, et que même si j'avais l'air d'être une Cendrillon couverte de cendres et sans espoir, je parviendrais un jour à me transformer en princesse et à être heureux. Cette petite flamme d'optimisme m'a permis de tenir bon et je me sens maintenant capable d'aider les gens qui se trouvent dans cette situation. Ne croyez pas que vous resterez couvert de cendres toute votre vie. Je pense qu'il faut travailler dur, mais que nous devons aussi être suffisamment intelligents et courageux pour dire : « Laissez-moi essayer cette pantoufle de verre » le moment venu.

Quand on vous tend une pantoufle de verre, essayez-la !

Capturez vos pensées lorsqu'elles surgissent

Ma façon préférée de méditer est d'observer ou de verbaliser mes pensées afin de les clarifier et les organiser. Je le fais également lorsque je n'arrive pas à dormir la nuit.

Nos pensées sont comme des fantômes, elles vont et viennent. J'ai donc décidé de les capturer dans un carnet. Cela m'aide énormément à les organiser. J'écris tout ce qui me vient à l'esprit, même les sentiments négatifs comme la colère. Il est très important de pouvoir libérer toutes ces émotions.

Je peux avoir des pensées comme : *Il faudrait j'aille bientôt me coucher, mais je voudrais travailler encore un peu. Je pourrais me forcer à aller me coucher et à me lever plus tôt demain matin. Mais je suis très créatif la nuit, alors peut-être que je pourrais mettre une alarme ? Je n'ai pas envie de m'empêcher de travailler et d'être performant. Peut-être que je devrais me coucher tôt pour pouvoir faire plus de choses avec l'esprit clair demain matin ?* Si je continue à avoir ce genre de pensées en tête, je ne parviendrai jamais à trouver une solution.

Un fantôme n'est pas visible, et cela peut être inquiétant, mais si vous parveniez à le capturer et à le rendre tangible, ce ne serait plus vraiment un fantôme, n'est-ce pas ?

Un autre moyen est d'exprimer à voix haute ce que l'on ressent. Personnellement, cela me permet de me sentir plus déterminé et confiant, et de ne pas rester uniquement dans mes pensées. Il m'arrive parfois de prendre mes animaux en peluche dans mes bras et de leur parler de mes problèmes en faisant des voix off. La plupart du temps, je connais déjà la réponse, mais pour une raison ou une autre, je n'arrive pas à agir. Peut-être ai-je simplement besoin d'un temps de réflexion et de remettre à plus tard ce que je dois faire.

Si vous voulez vraiment résoudre vos problèmes, je vous recommande d'observer et d'exprimer verbalement vos pensées et ressentis. Lorsque je suis rentré au Japon après avoir réalisé presque tous mes rêves, je me suis retrouvé pendant un certain temps incapable de trouver de nouveaux objectifs. Je ne faisais que tourner en rond. J'ai été sauvé par un exercice appelé « Les pages du matin », présenté dans le livre *Libérez votre créativité : osez dire oui à la vie !* de Julia Cameron. J'avais pris l'habitude d'avoir toujours un carnet avec moi et d'y noter tout ce qui me venait à l'esprit : mes pensées, la liste de choses que je voulais faire ce jour-là, mes petits objectifs.

Si vous pouvez imaginer clairement vos objectifs, vous êtes à mi-chemin de leur réalisation !

À l'époque où je vivais au Japon, j'avais écrit que je voulais m'améliorer en espagnol, transformer ma silhouette et perfectionner ma façon de parler. Mais lorsque j'ai relu mon carnet, je me suis rendu compte que le temps avait passé sans que j'aie rien fait pour atteindre ces objectifs. Ma procrastination m'a sauté aux yeux et je me suis donné un coup de pied aux fesses.

J'ai reconsidéré les raisons pour lesquelles je voulais m'améliorer, j'ai réfléchi aux habitudes que je devais changer pour que ma vie soit meilleure, et j'ai travaillé dur pour remédier à ces problèmes. Avant de chercher des excuses ou dire « je n'ai pas pu le faire aujourd'hui non plus », j'ai réfléchi aux raisons pour lesquelles je ne l'avais pas fait auparavant.

Comment utiliser les vingt-quatre heures d'une journée ? Après avoir écrit mes pensées dans mon carnet, j'ai pris une feuille de papier séparée sur laquelle j'ai rédigé une liste des choses que je devais faire et j'ai défini la façon dont j'allais utiliser ma journée pour être productif.

Comprendre pourquoi vous n'avez pas pu accomplir certaines choses et ce qui vous empêche de les faire est le chemin le plus court vers votre renouveau.

C'est pourquoi il est utile de noter quotidiennement vos pensées. Cependant, si vous n'avez pas beaucoup d'énergie, il est inutile de vous forcer à le faire. Je pense que nous avons besoin de recharger nos batteries avant d'aller de l'avant, tout comme une grenouille se tapit au sol pour rassembler ses forces avant de sauter. Quand votre corps est fatigué, prenez le repos nécessaire. Vous n'avez pas à vous sentir coupable d'avoir besoin de faire une pause !

« Montez de niveau » avant de rencontrer le chef

Vous aurez du mal à accomplir des choses positives si vous ne pouvez pas les concevoir clairement. Tout d'abord, essayez d'imaginer la vie que vous aimeriez avoir dans le futur. Personnellement, je fais constamment appel à mon imagination et je me prépare de manière adéquate pour devenir la personne que je désire être plus tard. C'est pour moi le meilleur moyen d'influer sur mon avenir. Par exemple, j'imagine comment je me sentirai après avoir mené à bien une tâche ou une réunion importantes et y avoir mis toute mon attention. Je me visualise en bonne santé, entouré de personnes et de choses qui me procurent de la joie. Je prends le temps d'imaginer les moindres détails.

Si vous ne fournissez des efforts qu'au moment où vous êtes face à des personnes importantes ou lors d'occasions spéciales, il sera trop tard ! À moins que vous ne « montiez de niveau » avant, vous ne pourrez pas profiter des opportunités quand elles se présenteront. Pour mener la vie à laquelle vous aspirez, il vous faut rassembler les outils et les compétences dont vous avez besoin et réunir des personnes autour de vous. C'est comme si vous étiez le personnage principal d'un RPG. Si vous ne commencez pas par monter de niveau, vous perdrez le combat contre le chef et ce sera la fin de la partie. (Sans compter que dans la vie réelle, vous n'avez pas plusieurs vies comme dans les jeux vidéo.)

Si vous avez un rêve mais que vous tournez en rond depuis des années sans parvenir à le réaliser, peut-être manquez-vous d'imagination pour le concrétiser ; ou peut-être y avez-vous renoncé en vous disant : *C'est un rêve trop grand pour être réalisable.* Si vous ne pouvez pas le visualiser clairement, aidez-vous en agissant dans la vie réelle. Vous pouvez par exemple vous rendre dans le restaurant dans lequel vous vous imaginez aller pour fêter la réalisation de votre rêve et y commander une consommation pour vous imprégner de l'atmosphère ! Si vous postulez à un emploi, vous pouvez aller visiter le bâtiment de votre futur bureau imaginaire, déjeuner à la cafétéria locale et vous habiller comme si vous aviez déjà été embauché. Si vous désirez être mannequin pour une marque de bijoux de luxe, rentrez dans une joaillerie et demandez à essayer des bijoux ! Il m'est arrivé d'essayer un collier en or que je ne pouvais pas acheter, mais je me souviens encore de son poids et de la sensation qu'il m'a procurée, ce qui me permet de me visualiser plus facilement en train de le porter à nouveau un jour...

Quelle que soit la grandeur de votre rêve, vous devez vous persuader qu'il se réalisera. À moins d'avoir vu la ligne de but, il est difficile de la visualiser, n'est-ce pas ? J'ai aussi mes moments de faiblesse, mais je sais que je dois croire en moi. Si vous pouvez l'imaginer, votre rêve est à mi-chemin de sa réalisation !

Imaginez que tous vos rêves se sont réalisés, et célébrez-les dès maintenant !

L'un de mes livres préférés est *Le Secret* de Rhonda Byrne, dans lequel elle explique la loi de l'attraction. Je le recommande vivement ! En résumé, ce livre préconise de vivre comme si vos rêves étaient déjà devenus réalité. Par exemple, quand j'étais à New York, je voulais vraiment travailler pour une artiste maquilleuse et rejoindre son équipe au concours de Miss Univers. J'ai écrit des centaines de fois dans mon carnet : « Je serai assistant artiste maquilleur et je travaillerai pour le concours de Miss Univers. » J'ai aussi fait des récitations chantées en visualisant la scène. J'ai fait cela pour beaucoup d'objectifs et presque tous se sont réalisés ! (Sauf pour les relations amoureuses, mais comme le précise *Le Secret*, essayer de changer la vie des autres est voué à l'échec... ce dont j'aurais dû être conscient bien avant !)

La magie de la crème glacée

Je voudrais partager avec vous une version de la loi de l'attraction que j'ai inventée et appelée « La magie de la crème glacée ».

1 Lorsque vous prenez une première cuillérée de glace, cela vous procure un grand plaisir, n'est-ce pas ? Essayez de transposer cette sensation sur le « futur vous » dont le rêve a été couronné de succès. Par exemple : *Beaucoup de gens ont apprécié mon livre !* puis savourez le plaisir d'avoir réalisé votre rêve.

2 Dégustez maintenant la deuxième cuillerée : « Pour mes vacances, je suis parti pour la première fois en safari. C'était tellement excitant ! » Et la troisième : « Je parle maintenant couramment l'espagnol ! » Assurez-vous d'exprimer les choses comme si c'était déjà la réalité.

3 Vous pouvez faire la même chose en utilisant les petits plaisirs de la vie quotidienne, comme le *Aaaah...* de plaisir quand vous rentrez dans votre bain, ou le *Mmmm... comme c'est bon*, quand vous sentez sur votre peau une douce brise rafraîchissante.

Et voici une autre version : « Le dîner de fête », pour célébrer un rêve devenu réalité. Organisez une sortie au restaurant avec vos amis les plus proches ; n'allez pas dans un endroit où vous allez habituellement, choisissez un beau restaurant, comme si c'était une récompense. Commandez des plats et des desserts à partager entre vous, puis, tandis que vous dégustez chaque plat, échangez à tour de rôle le plaisir ressenti d'avoir concrétisé un rêve. Faites de ce repas un moment de fête !

C'est ce que j'ai fait avec mes amis espagnols il y a quelques années. Au premier plat, j'ai dit : « Je suis passé dans l'émission *Queer Eye* ! » Ensuite, j'ai pris une bouchée et j'ai savouré à la fois la nourriture et le bonheur d'avoir réalisé mon rêve.

« Et comment les gens ont-ils réagi ? m'a demandé l'un de mes amis.

– Je reçois beaucoup de messages de félicitations ! Et en plus, on m'a proposé de faire une interview pour *Vogue* ! »

Plus vous donnez de détails concrets sur la réalisation de vos rêves, plus ils semblent réels. Chacun à votre tour, faites comme si vos rêves étaient déjà une réalité et partagez la joie que vous ressentez. En imaginant l'avenir ensemble de cette façon, vous créerez une synergie qui leur permettra de se concrétiser.

Et en fait, ils se concrétisent vraiment ! Quelques années après cette soirée au restaurant, j'ai vraiment participé à l'émission *Queer Eye* ! Et j'ai vraiment été interviewé par *Vogue* ! Quand ils m'ont contacté, j'étais stupéfait.

Qu'en pensez-vous ? Cela ne vaut-il pas la peine d'essayer ?

Ayez foi en la réalisation de vos rêves

Participer à l'émission de Netflix *Queer Eye* est l'un de mes rêves devenu réalité.

À l'époque où j'étais au collège, j'étais tombé un jour sur l'émission *Queer Eye for the Straight Guy*, diffusée sur la chaîne FOX. J'avais été tellement surpris de voir des gays à la télévision. Quand j'étais jeune, je regardais beaucoup d'animes où les gays étaient généralement représentés comme des méchants pervers, mais dans *Queer Eye*, ils étaient des héros qui venaient en aide aux hétérosexuels. Comment était-il possible qu'ils apparaissent ainsi en public sans être discriminés ? Cela m'avait vraiment intrigué. Mais en vérité, que pouvait-on leur reprocher ? Ils étaient bienveillants et ne faisaient qu'aider les autres.

Plus tard, quand j'ai travaillé pour les concours de Miss USA et de Miss Univers, j'ai rencontré Carson Kressley, l'un des premiers participants à la série *Queer Eye*, également juge dans l'émission *RuPaul's Drag Race*. Il était aussi commentateur de mode pour les concours de Miss USA et Miss Univers. Quand ma chef m'a chargé de maquiller Carson – c'était surréaliste ! Je l'ai maquillé pour chacune de ses apparitions à l'émission ; par la suite, il a eu la gentillesse de m'envoyer un de ses livres dédicacés. Il était très professionnel, intelligent et plein d'humour, et également très attentif à ce que disaient les gens autour de lui, leur répondant en faisant souvent des blagues extrêmement drôles.

Quand j'ai eu ultérieurement des occasions de prendre la parole au Japon en tant que militant LGBTQ+, quelqu'un qui était venu à l'un de ces événements m'a contacté pour me dire que la production de *Queer Eye* allait venir au Japon. Il s'agissait de Kan, qui devait jouer dans un épisode de la série *Crazy in Love*, et il m'a demandé s'il pouvait me présenter aux producteurs du programme. J'ai commencé par passer une audition pour jouer le rôle d'ambassadeur, mais je n'ai pas été sélectionné. J'ai ensuite passé un entretien pour travailler en tant que coiffeur et maquilleur, mais je n'ai pas été sélectionné non plus. Cela m'a attristé, mais je me suis dit que c'était mon destin tout en espérant que je pourrais participer à l'émission d'une manière ou d'une autre. Puis les producteurs m'ont envoyé un courriel pour me dire qu'ils avaient trouvé un rôle idéal pour moi, et c'est ainsi que je me suis retrouvé dans le programme.

L'épisode devait être tourné dans un parc de Shinjuku. J'ai rencontré Karamo Brown, l'animateur de la série, au préalable et il m'a expliqué que j'allais faire une surprise à Kan. Le sujet que nous devions aborder me tenait à cœur. Kan m'a raconté que lorsqu'il étudiait en Angleterre, il s'était senti discriminé dans la communauté gay, car sur les sites de rencontres en ligne, on lui faisait comprendre que les Asiatiques n'étaient pas les bienvenus. Il s'était également senti exclu par la communauté japonaise qui se moquait des homosexuels en les traitant de tapettes. Karamo a expliqué qu'il était lui-même victime de discrimination à cause de sa peau noire, et que face à cela, il se disait : *Peut-être que l'on ne m'aime pas, mais moi je m'aime.*

Le fait d'avoir participé à *Queer Eye* a marqué un énorme changement dans ma vie. On m'a reconnu au supermarché d'Atlanta, à Disney World en Floride, et même dans des toilettes en Thaïlande (il n'y avait pas de papier essuie-tout et je n'avais pas de mouchoir, un agent de sécurité m'a reconnu et s'est approché pour me parler juste au moment où j'allais secouer mes mains avec force !). Être reconnu par des gens est surprenant mais je suis reconnaissant car cela signifie que mon message est entendu. Et je continuerai à faire tout mon possible pour que les personnes comme moi puissent avoir le droit de vivre comme elles le souhaitent et être qui elles désirent être.

Je suis conscient que les gens ont leurs propres préférences et goûts. Certaines personnes sont suffisamment bienveillantes pour prendre en considération les sentiments des autres, et d'autres pas. Je refuse que des personnes qui ne sont pas capables de me voir pour ce que je suis vraiment me rendent triste ou me mettent en colère. Je ne suis peut-être pas toujours fier de mon corps ou de mes capacités, mais j'aime mon être profond ; ma volonté d'être prévenant et courageux. Qui je suis vraiment au fond de moi ne changera pas avec le temps.

Peu importe ce que les gens disent, tant que vous protégez la petite flamme de l'estime de soi qui réside dans votre cœur, elle ne s'éteindra pas.

Même si d'autres personnes ne reconnaissent pas votre lumière, ne laissez pas le feu s'éteindre. Je suis aussi à vos côtés pour vous aider à protéger cette lumière ! Imaginez votre vie en vous servant de tableaux de visualisation.

Quand je vivais à New York, j'ai rencontré beaucoup de mannequins. Ce qui m'a surpris, c'est que certains utilisaient leur propre photo comme fond d'écran sur leur téléphone portable. Je me suis dit : *Quel égocentrisme !* Mais après tout, quel mal y a-t-il à s'aimer soi-même ? Je me suis demandé pourquoi je les trouvais vaniteux. Peut-être était-ce dû à mon éducation et au fait qu'on m'avait appris qu'on ne devait pas se vanter – mais aujourd'hui, ces principes sont devenus obsolètes. Certaines personnes sont trop orgueilleuses et d'autres pensent qu'elles ne sont pas à la hauteur, ce qui a été mon cas.

Maintenant que j'y repense, peut-être que ces mannequins s'aimaient vraiment, qu'ils aimaient leurs photos, ou que c'était une façon de s'encourager et de se dire qu'ils étaient magnifiques et qu'ils étaient méritants. Quoi qu'il en soit, cela m'a inspiré. J'ai commencé à mettre sur l'écran d'accueil de mon téléphone des images représentant quelque chose qui me paraissait auparavant inaccessible. Par exemple, j'ai mis une publicité pour *Queer Eye*. Cela me permettait de la voir tous les jours, jusqu'à ce que j'oublie un jour que j'avais cru que cette grande émission était hors de ma portée. C'est au moment où je n'y ai plus pensé que j'ai été sélectionné pour faire partie de l'émission.

Ce n'est pas un péché de s'aimer et de se donner la priorité.

J'ai fait la même chose pour la publication de mon livre ! J'ai mis une image du logo d'une maison d'édition sur mon écran d'accueil, et aujourd'hui je travaille avec elle.

Vous pouvez aussi utiliser cette méthode avec le fond d'écran de votre ordinateur ou imprimer des photos de ce que vous souhaitez et les placer dans un endroit où vous pouvez les voir souvent. En les regardant régulièrement, votre regard va changer ; ce qui vous semblait hors de portée vous semblera plus proche.

Je le fais aussi avec les cartes de visite. Quand j'ai envie de rencontrer quelqu'un, j'affiche sa carte de visite sur mon écran ou je la place sur une étagère où je mets des objets qui me tiennent à cœur et qui m'apportent de la joie, comme des souvenirs d'endroits où j'ai voyagé ou des photos de moi avec mon meilleur ami. Souvent les personnes me contactent ou une occasion de les rencontrer se présente. Ce n'est pas une approche scientifique, mais elle m'a permis de rencontrer des gens qui m'ont aidé à tracer mon chemin. Pour moi, elle permet de sortir de notre « normalité », ce qui est la clé pour réaliser davantage de choses. Quand vous croyez que vous pouvez y arriver, vous convainquez le destin !

Nous sommes semblables à des stylos

Je pense que nous sommes un peu comme des stylos. Il y en a de toutes les tailles, de toutes les formes et de toutes les couleurs. Il y a des crayons, des feutres, des crayons gras et même des stylos à plume. Certains dessinent des traits fins, d'autres des traits épais ; certains sont noirs, d'autres de toutes les couleurs. Puis tout dépend de ce que l'on décide de faire : écrire une histoire ou un poème, dessiner une illustration ou créer une bande dessinée.

L'important est d'apprendre à maîtriser notre stylo, que ce soit l'épaisseur de son trait ou l'utilisation de sa couleur. À certains moments, nous devons faire preuve d'audace dans notre créativité, et à d'autres, la délicatesse est nécessaire pour tracer des lignes fines. Il n'y a pas de bon ou de mauvais stylo, et chacun de nous est capable de réaliser une œuvre unique. Rien de ce que nous créons n'est jamais inutile et nous avons tous nos propres compétences.

Utilisons notre encre et amusons-nous avant qu'elle ne s'épuise...

Laissez transparaître vos vraies couleurs

Quand j'étais petit, j'aimais le jaune et le violet parce que pour moi, c'étaient des couleurs « neutres ». Je trouvais qu'elles me correspondaient davantage que le bleu associé aux garçons, ou le rose aux filles.

Comme je perçois les choses d'un point de vue multigenre, je comprends aussi bien les hommes que les femmes. J'ai la faculté de voir les gens pour ce qu'ils sont et de communiquer avec eux en tant que Kodo, quelqu'un qui ne s'identifie pas à un genre spécifique. Je pense que mon expérience peut être libératrice pour d'autres.

J'ai mentionné au début de ce livre que j'étais tombé sur une description de cette identité de genre dont j'ai été doté : *gender gifted.* J'aime beaucoup ce terme et j'aimerais bien que les gens l'utilisent pour me définir. *Gifted* (« doué »/« gratifié ») évoque le talent et une forme de bénédiction. Quand j'ai pris conscience que ma différence me permettait de faire et de comprendre des choses qui échappaient aux autres, cela m'a permis de m'aimer davantage. Entre-temps, le fait de subir les moqueries des autres m'a rendu plus fort et réfléchi. Les souvenirs d'avoir été traité comme quelqu'un d'inférieur me servent de source d'énergie illimitée qui me stimule dans tous les aspects de ma vie.

Parce que vous êtes unique, vous pourriez être la pièce manquante pour compléter le puzzle.

Nous rencontrons tous de nombreux obstacles dans notre vie. Mais je voudrais que vous compreniez que ces épreuves que nous endurons peuvent se transformer en superpouvoirs qui nous seront utiles plus tard.

Pensons en couleurs ! Lorsqu'on ajoute du jaune au bleu, cela donne du vert – et lorsqu'on ajoute du jaune au rouge, nous obtenons de l'orange ; et en associant le bleu et le rouge, le violet apparaît. Nos caractéristiques uniques sont source de nouvelles possibilités et d'espoir. Comme je me sens à la fois homme et femme (violet), et en même temps ni totalement homme ni totalement femme (jaune), il y a assurément quelque chose que je suis le seul à pouvoir faire. Ce concept m'a permis de valider mon existence.

Lorsque chaque personne fait briller ses propres couleurs, le monde est plus vibrant et plus beau. Tout comme une pièce de puzzle, nous sommes uniques et nous avons chacun notre rôle à jouer pour combler les lacunes de la société. La beauté réside dans notre authenticité.

En conclusion

Dernièrement, j'ai appelé un ami que j'avais connu à Boston quand j'avais 18 ans. C'est un Américain avec qui j'avais l'habitude de passer du temps, mais nous ne nous étions pas parlé depuis plus de dix ans. À l'époque, je savais que j'étais attiré par les hommes, mais il m'a dit que j'avais tellement peur de prononcer le mot « gay » que je le mimiquais avec mes lèvres. Je faisais vraiment ça ?! Je l'avais complètement oublié.

Aujourd'hui, je fais des interviews pour des magazines et des émissions de télévision. Je me montre ouvertement, je dis mon nom et je déclare que je suis homosexuel en souriant. J'en suis moi-même surpris. Cette conversation avec mon ami m'a fait soudainement prendre conscience à quel point mon attitude avait changé. De toute évidence, je préfère de loin la façon dont je me sens et me comporte aujourd'hui que lorsque j'avais 18 ans. Je peux être complètement moi-même au lieu de cacher des choses et vivre dans la peur.

Je voulais croire qu'être homosexuel n'était pas répréhensible, mais j'avais besoin d'en être convaincu. J'avais besoin de l'expérimenter par moi-même. Le chemin a été long jusqu'à ce que je commence à rencontrer des gens qui faisaient de leur mieux pour me convaincre que je pouvais faire mon coming out, et sortir maquillé et en talons hauts. Je me suis intéressé à l'histoire des LGBTQ+ à travers des films, des émissions de télévision, des livres et des conversations. J'ai réfléchi aux raisons pour lesquelles j'étais imprégné d'idées toutes faites selon lesquelles l'homosexualité était quelque chose de mal. J'ai ensuite suivi la formation pour devenir moine et j'ai été encouragé et validé dans mon orientation sexuelle par le bouddhisme. Je suis certain que le fait de voyager dans divers endroits, de rencontrer des gens différents et d'acquérir des connaissances est la clé qui permet de se dire avec conviction que l'on mérite d'être traité en toute égalité et avec respect.

Car finalement, nous sommes tous semblables, quelles que soient nos différences. La race, les compétences, l'âge, la richesse, le statut, etc., n'ont aucune importance. Ce qui compte, c'est notre conscience et notre intention. Mon rôle est d'aider les gens à comprendre que nous sommes tous égaux, quoi qu'il arrive.

Ne vous laissez pas duper par ceux qui voudraient vous faire croire que vous êtes inférieur à eux.

Je continue souvent à me poser des questions comme : *Quelle vie est-ce que je veux vivre ? Comment vais-je employer mon temps sur cette terre?* Étant homosexuel, je n'épouserai pas une femme et je n'aurai pas d'enfants, et quand je vois autour de moi des personnes qui ont des familles qui grandissent, je me demande: *Quel est mon but en tant qu'être humain?* Encore maintenant, il peut m'arriver de me sentir triste avant de m'endormir. Mais il y a un sens à ma vie dont je suis absolument sûr... c'est d'encourager les autres. Toucher les cœurs et les remplir d'espoir me rend plus heureux que toute autre chose.

Une autre question que je me pose parfois avant de m'endormir est: *Comment être heureux?* Un jour, avant d'annoncer mon homosexualité à mes parents, mon cœur a connu le vrai bonheur et je me suis dit: *Après ce que j'ai vécu aujourd'hui, je ne regretterai jamais rien.* Je passais la journée à Barcelone avec mon meilleur ami espagnol et je lui ai parlé ouvertement de ma sexualité. Nous étions allés marcher sur la plage devant un coucher de soleil aux teintes roses et violettes et notre conversation était joyeuse et pleine de rires. La température, la brise et cette heure de la journée, tout participait à créer une atmosphère si chaleureuse que ce jour restera pour moi inoubliable. Je n'avais pas à me cacher, ni à faire quoi que ce soit d'autre que d'être moi-même. Tout était parfait. Je m'étais dit: *Une journée comme celle-ci me suffit. Je n'ai pas besoin d'honneurs, d'argent, de pouvoir, de beauté apparente. Quel plus grand bonheur peut-il y avoir que des moments de plaisir et de rires partagés? Ma vie pourrait s'arrêter ici. Pouvoir être entièrement moi-même est le plus heureux sentiment qui soit.*

> « Une victoire qui peut être renversée
> n'est pas une vraie victoire.
> La vraie victoire est celle qui
> ne peut pas être renversée. »
>
> Contes de Jātaka

Luttons contre la discrimination en nous célébrant nous-mêmes

Je pense que la haine ne fait qu'engendrer la haine. Alors, comment pouvons-nous surmonter la discrimination et promouvoir l'inclusivité ?

Quand j'étais à Los Angeles, je suis allé au carnaval d'Halloween à West Hollywood où se trouvent de nombreux bars gays. Derrière des barrières de sécurité mises en place par la police, il y avait un petit groupe de personnes qui protestaient contre l'homosexualité, criant des phrases chargées de références religieuses et proférant des menaces comme « Repentez-vous ou périssez ! ». Ces gens exprimaient énormément de haine à l'égard des personnes qui défilaient costumées, notamment envers les personnes LGBTQ+.

« L'amour ne connaît pas la discrimination. »

Contes de Jātaka

J'ai vu des personnes dans le défilé s'arrêter devant le groupe des protestataires et leur répondre en hurlant à leur tour leur haine. Ils se sont disputés violemment. C'était douloureux pour moi d'être témoin de ce spectacle. Pourquoi les gens venaient-ils ici juste pour répandre la haine ? Et pourquoi leur répondre en hurlant ? C'était effrayant et ça m'a rempli de pensées négatives.

Puis, tout à coup, le DJ de la parade d'Halloween a diffusé un célèbre hymne gay, et beaucoup de gens se sont mis à chanter très fort. Ils se sont ensuite tous retournés vers le DJ et ont commencé à danser comme des fous sur leur chanson préférée. Les protestataires se sont retrouvés complètement ignorés. Les voix haineuses avaient perdu leur pouvoir, car les gens dans le cortège s'amusaient tellement qu'ils ne leur prêtaient plus attention. Quelle magnifique façon de réagir, n'est-ce pas ?

Le message que j'ai perçu était : « On se moque de ce que vous pensez, on est trop heureux ici pour faire attention à vous. » La meilleure façon de lutter contre la discrimination était de montrer combien nous nous amusions, et de donner presque envie au groupe de protestataires haineux de rejoindre cette fête joyeuse. Tout le monde s'est simplement éloigné d'eux et ils se sont rapidement rendu compte que leur action ne servait à rien.

Je suis convaincu qu'il existe un moyen de triompher de la haine. Il m'arrive bien sûr encore d'être en colère quand je suis confronté à une situation discriminatoire, mais j'ai compris que la colère ne faisait que me blesser. Et si nous nous servions plutôt de l'art comme la musique, la danse, le design, le maquillage, la mode, le spectacle et autres formes artistiques pour célébrer la diversité ? La première fois que j'ai regardé des films comme *Paris Is Burning* et *Priscilla, folle du désert*, j'ai compris que je n'étais pas le seul à souffrir. Outre le fait que j'ai beaucoup aimé les maquillages et l'interprétation des acteurs, ce que j'ai vu à l'écran m'a permis de m'instruire et de me sentir plus fort.

Aujourd'hui, je veux utiliser l'art comme un moyen de favoriser la diversité. Lorsqu'on enseigne quelque chose de façon drôle, esthétique et divertissante, cela donne davantage envie d'apprendre. Si les gens étaient obligés d'étudier les crimes haineux contre les personnes LGBTQ+ ou les taux de suicide au sein de cette communauté, cela n'aurait rien d'amusant et qui voudrait être forcé de s'intéresser à quelque chose de triste ou de perturbant. Certains pourraient rétorquer : « Oui, mais cela se produit aussi à l'extérieur de la communauté LGBTQ+ », ou « Je ne pense pas que cela me concerne », c'est pourquoi j'ai beaucoup d'espoir qu'en présentant les choses de façon attrayante et ludique, il soit possible de rendre un sujet intéressant.

C'est pour cette raison que je pratique le maquillage, car il est apprécié dans le monde entier et engage la participation des gens. De plus, en me présentant moi-même maquillé, je peux faire évoluer les idées toutes faites que l'on a des moines, et apporter l'espoir que nous pouvons tous être libres. L'art du maquillage me permet également d'encourager les gens en leur montrant que la beauté est à la portée de tous. Quand je maquille quelqu'un, il arrive souvent que la personne me confie ses points faibles. Mon souhait est de continuer à utiliser le maquillage comme un moyen de toucher le cœur des gens et d'être à leur écoute. J'aimerais rassembler des personnes d'horizons différents et leur faire comprendre qu'au fond, nous sommes tous semblables, que nous éprouvons les mêmes souffrances et que nous aspirons aux mêmes choses. Qu'il s'agisse des anciens enseignements bouddhistes ou des produits de maquillage à la mode, je les utilise dans un même esprit.

Le cercle de la vie

Soyez vous-même et rapprochez-vous de ceux qui vous comprennent. Pour moi, la clé d'une vie heureuse est d'être accepté tel que l'on est, c'est tout ce qui compte. Tout au long de la vie, le bonheur et la souffrance se succèdent. Mais tout finit par passer.

Des changements peuvent survenir qu'il vous est impossible d'imaginer maintenant. Même lorsque tout va bien, tout peut soudainement mal tourner. Mais essayez de voir les choses sous une autre perspective : la vie est impermanente. Il y aura malheureusement toujours des problèmes et des drames, mais nous pouvons choisir de garder la tête haute, d'être positif et de rassembler les gens pour défendre un monde pacifique.

Remerciements

Savez-vous ce que signifie Kodo ? Ce nom est composé de deux caractères chinois : 宏 (*ko*), qui signifie « ouvert d'esprit », et 堂 (*do*), qui signifie « confiant ». Quand j'étais plus jeune, je trouvais que mon nom était ironique, car j'étais tout le contraire. Je jugeais toujours les autres, y compris moi-même, et je n'avais aucune confiance en moi.

Dernièrement, mon nom est devenu une sorte d'affirmation de moi-même. J'aime vivre sans préjugés ni jugements et il me tient à cœur de célébrer notre valeur dans le monde avec une conviction absolue. J'ai toujours rêvé de partager mes pensées et mes expériences avec des gens du monde entier. Depuis mon enfance, j'ai toujours ressenti que ma mission était d'inspirer les autres, afin que nous puissions vivre dans une société bienveillante.

Merci à l'équipe japonaise de Sunmark Publishing de m'avoir contacté. Merci à toutes les personnes chez Watkins

Publishing qui m'ont aidé à transmettre mon message. Merci à ma précieuse équipe qui m'apporte son soutien. Merci à mes mentors et mes amis qui m'ont aidé à complètement revoir ma conception de la normalité et qui m'ont permis de m'aimer comme je suis. Merci à mes parents qui m'ont toujours montré qu'ils voulaient sincèrement mon bonheur. C'est maintenant à mon tour de partager avec le monde l'amour et la sagesse que j'ai reçus.

Composition : Soft Office

Achevé d'imprimer en juillet 2022
sur les presses de la Nouvelle Imprimerie Laballery
58500 Clamecy
Dépôt légal : août 2022
Numéro d'impression : 206481

Imprimé en France

La Nouvelle Imprimerie Laballery est titulaire de la marque Imprim'Vert®